इंद्रजाल तथा अन्य कहानियाँ

इंद्रजाल
तथा
अन्य कहानियाँ

जयशंकर प्रसाद

दिव्यम् प्रकाशन
दिल्ली–110009

इंद्रजाल तथा अन्य कहानियाँ

जयशंकर प्रसाद

प्रथम संस्करण : 2020

ISBN : 978-93-82658-65-8

मूल्य : 250/-

प्रकाशक : **दिव्यम प्रकाशन**
1093, डॉ. मुखर्जी नगर,
दिल्ली–110009

एकमात्र वितरक : **के.के. पब्लिकेशन्स**
4806/24, भरतराम रोड,
दरियागंज, नई दिल्ली-110 002
फोन : 011-23285167, 64527574
ई-मेल : info@kkpublications.com
वेब : www.kkpublications.com

आवरण : राजीव ग्राफिक्स, दिल्ली–110002

लेज़र टाईपसैटिंग : गौरव कम्प्यूटर्स, दिल्ली

मुद्रक : बालाजी आफसेट प्रिंटर्स, दिल्ली–110032

Indrajaal tatha Anya Kahaniyan **250.00**
by Jaishankar Prasad

इंद्रजाल

इंद्रजाल

गाँव के बाहर, एक छोटे-से बंजर में कंजरों का दल पड़ा था। उस परिवार में टट्टू, भैंसे और कुत्तों को मिलाकर इक्कीस प्राणी थे। उसका सरदार मैकू, लम्बी-चौड़ी हड्डियों वाला एक अधेड़ पुरुष था। दया-माया उसके पास फटकने नहीं पाती थी। उसकी घनी दाढ़ी और मूँछों के भीतर प्रसन्नता की हँसी छिपी ही रह जाती। गाँव में भीख माँगने के लिए जब कंजरों की स्त्रियाँ जातीं, तो उसके लिए मैकू की आज्ञा थी कि कुछ न मिलने पर अपने बच्चों को निर्दयता से गृहस्थ के द्वार पर जो स्त्री न पटक देगी, उसको भयानक दण्ड मिलेगा।

उस निर्दय झुण्ड में गाने वाली एक लड़की थी। और एक बाँसुरी बजाने वाला युवक। ये दोनों भी गा-बजाकर जो पाते, वह मैकू के चरणों में लाकर रख देते। फिर भी गोली और बेला की प्रसन्नता की सीमा न थी। उन दोनों का नित्य सम्पर्क ही उनके लिए स्वर्गीय सुख था। इन घुमक्कड़ों के दल में ये दोनों विभिन्न रुचि के प्राणी थे। बेला बेड़िन थी। माँ के मर जाने पर अपने शराबी और अकर्मंय पिता के साथ वह कंजरों के हाथ लगी। अपनी माता के गाने-बजाने का संस्कार उसकी नस-नस में भरा था। वह बचपन से ही अपनी माता का अनुकरण करती हुई अलापती रहती थी।

शासन की कठोरता के कारण कंजरों का डाका और लड़कियों को चुराने का व्यापार बन्द हो चला था। फिर भी मैकू अवसर से नहीं चूकता। अपने दल की उन्नति में बराबर लगा ही रहता। इस तरह गोली के बाप के मर जाने पर—जो एक चतुर नट था—मैकू ने उसकी खेल की पिटारी के साथ गोली पर भी अधिकार जमाया। गोली महुअर तो बजाता ही था, पर बेला का साथ होने पर उसने बाँसुरी बजाने का अभ्यास किया। पहले तो उसकी नट-विद्या में बेला भी मनोयोग से लगी; किन्तु दोनों को भानुमती वाली पिटारी ढोकर दो-चार पैसे कमाना अच्छा

न लगा। दोनों को मालूम हुआ कि दर्शक उस खेल से अधिक उसका गाना पसन्द करते हैं। दोनों का झुकाव उसी ओर हुआ। पैसा भी मिलने लगा। इन नवागन्तुक बाहरियों की कंजरों के दल में प्रतिष्ठा बढ़ी।

बेला साँवली थी। जैसे पावस की मेघमाला में छिपे हुए आलोकपिण्ड का प्रकाश निखरने की अदम्य चेष्टा कर रहा हो, वैसे ही उसका यौवन सुगठित शरीर के भीतर उद्वेलित हो रहा था। गोली के स्नेह की मदिरा से उसकी कजरारी आँखें लाली से भरी रहतीं। वह चलती तो थिरकती हुई, बातें करती तो हँसती हुई। एक मिठास उसके चारों ओर बिखरी रहती। फिर भी गोली से अभी उसका ब्याह नहीं हुआ था।

गोली जब बाँसुरी बजाने लगता, तब बेला के साहित्यहीन गीत जैसे प्रेम के माधुर्य की व्याख्या करने लगते। गाँव के लोग उसके गीतों के लिए कंजरों को शीघ्र हटाने का उद्योग नहीं करते! जहाँ अपने अन्य सदस्यों के कारण कंजरों का वह दल घृणा और भय का पात्र था, वहाँ गोली और बेला का संगीत आकर्षण के लिए पर्याप्त था; किन्तु इसी में एक व्यक्ति का अवाँछनीय सहयोग भी आवश्यक था। वह था भूरे, छोटी-सी ढोल लेकर उसे भी बेला का साथ करना पड़ता।

भूरे सचमुच भूरा भेड़िया था। गोली अधरों से बाँसुरी लगाये अर्द्धनिमीलित आँखों के अन्तराल से, बेला के मुख को देखता हुआ जब हृदय की फूँक से बाँस के टुकड़े को अनुप्राणित कर देता, तब विकट घृणा से ताड़ित होकर भूरे की भयानक थाप ढोल पर जाती। क्षण-भर के लिए जैसे दोनों चौंक उठते।

उस दिन ठाकुर के गढ़ में बेला का दल गाने के लिए गया था। पुरस्कार में कपड़े-रुपये तो मिले ही थे; बेला को एक अँगूठी भी मिली थी। मैकू उन सबको देखकर प्रसन्न हो रहा था। इतने में सिरकी के बाहर कुछ हल्ला सुनाई पड़ा। मैकू ने बाहर आकर देखा कि भूरे और गोली में लड़ाई हो रही थी। मैकू के कर्कश स्वर से दोनों भयभीत हो गये। गोली ने कहा—“मैं बैठा था, भूरे ने मुझको गालियाँ दीं। फिर भी मैं न बोला, इस पर उसने मुझे पैर से ठोकर लगा दी।”

“और यह समझता है कि मेरी बाँसुरी के बिना बेला गा ही नहीं सकती। मुझसे कहने लगा कि आज तुम ढोलक बेताल बजा रहे थे।” भूरे का कण्ठ क्रोध से भर्राया हुआ था।

मैकू हँस पड़ा। वह जानता था कि गोली युवक होने पर भी सुकुमार और अपने प्रेम की माधुरी में विह्वल, लजीला और निरीह था। अपने को प्रमाणित करने की चेष्टा उसमें थी ही नहीं। वह आज जो कुछ उग्र हो गया, इसका कारण है केवल भूरे की प्रतिद्वन्द्विता।

बेला भी वहाँ आ गयी थी। उसने घृणा से भूरे की ओर देखकर कहा–

"तो क्या तुम सचमुच बेताल नहीं बजा रहे थे?"

"मैं बेताल न बजाऊँगा, तो दूसरा कौन बजावेगा। अब तो तुमको नये यार न मिले हैं। बेला! तुझको मालूम नहीं कि तेरा बाप मुझसे तेरा ब्याह ठीक करके मरा है। इसी बात पर मैंने उसे अपना नैपाली का दोगला टट्टू दे दिया था, जिस पर अब भी तू चढ़कर चलती है।" भूरे का मुँह क्रोध के झाग से भर गया था। वह और भी कुछ बकता; किन्तु मैकू की डाँट पड़ी। सब चुप हो गये।

उस निर्जन प्रान्त में जब अन्धकार खुले आकाश के नीचे तारों से खेल रहा था, तब बेला बैठी कुछ गुनगुना रही थी।

कंजरों की झोंपड़ियों के पास ही पलाश का छोटा-सा जंगल था। उसमें बेला के गीत गूँज रहे थे। जैसे कमल के पास मधुकर को जाने से कोई रोक नहीं सकता; उसी तरह गोली भी कब मानने वाला था। आज उसके निरीह हृदय में संघर्ष के कारण आत्मविश्वास का जन्म हो गया था। अपने प्रेम के लिए, अपने वास्तविक अधिकार के लिए झगड़ने की शक्ति उत्पन्न हो गयी थी। उसका छुरा कमर में था। हाथ में बाँसुरी थी। बेला की गुनगुनाहट बन्द होते ही बाँसुरी में गोली उसी तान को दुहराने लगा। दोनों वन-विहंगम की तरह उसी अँधेरे कानन में किलकारने लगे। आज प्रेम के आवेश में आवरण हटा दिया था, वे नाचने लगे। आज तारों की क्षीण ज्योति में हृदय से हृदय मिले, पूर्ण आवेग में। आज बेला के जीवन में यौवन का और गोली के हृदय में पौरुष का प्रथम उन्मेष था।

किन्तु भूरा भी वहाँ आने से नहीं रुका। उसके हाथ में भी भयानक छुरा था। आलिंगन में आबद्ध बेला ने चीत्कार किया। गोली छिटककर दूर जा खड़ा हुआ, किन्तु घाव ओछा लगा।

बाघ की तरह झपट गोली ने दूसरा वार किया। भूरे सम्हाल न सका। फिर तीसरा वार चलाना ही चाहता था कि मैकू ने गोली का हाथ पकड़ लिया। वह नीचे सिर किये खड़ा रहा।

मैकू ने कड़ककर कहा—"बेला, भूरे से तुझे ब्याह करना ही होगा। यह खेल अच्छा नहीं।"

उसी क्षण सारी बातें गोली के मस्तक में छाया-चित्र-सी नाच उठीं। उसने छुरा धीरे से गिरा दिया। उसका हाथ छुट गया। जब बेला और मैकू भूरे का हाथ पकड़कर ले चले, तब गोली कहाँ जा रहा है, इसका किसी को ध्यान न रहा।

2

कंजर परिवार में बेला भूरे की स्त्री मानी जाने लगी। बेला ने भी सिर झुकाकर इसे स्वीकार कर लिया। परन्तु उसे पलाश के जंगल में संध्या के समय जाने से कोई भी नहीं रोक सकता था। उसे जैसे सायंकाल में एक हल्का-सा उन्माद हो जाता। भूरे या मैकू भी उसे वहाँ जाने से रोकने में असमर्थ थे। उसकी दृढ़ता-भरी आँखों में घोर विरोध नाचने लगा।

बरसात का आरम्भ था। गाँव की ओर से पुलिस के पास कोई विरोध की सूचना भी नहीं मिली थी। गाँव वालों की छुरी-हँसिया और काठ-कबाड़ के कितने ही काम बनाकर वे लोग पैसे लेते थे। कुछ अन्न यों भी मिल जाता। चिड़ियाँ पकड़कर, पक्षियों का तेल बनाकर, जड़ी-बूटी की दवा तथा उत्तेजक औषधियों और मदिरा का व्यापार करके, कंजरों ने गाँव तथा गढ़ के लोगों से सद्भाव भी बना लिया था। सबकी आकर्षक बाँसुरी जब उसके साथ नहीं बजती थी, तब भी बेला के गले में एक ऐसी नयी टीस उत्पन्न हो गयी थी, जिसमें बाँसुरी का स्वर सुनाई पड़ता था।

अन्तर में भरे हुए निष्फल प्रेम से युवती का सौन्दर्य निखर आया था। उसके कटाक्ष अलस, गति मदिर और वाणी झंकार से भर गयी थी। ठाकुर साहब के गढ़ में उसका गाना प्रायः हुआ करता था।

छींट का घाघरा और चोली, उस पर गोटे से ढँकी हुई ओढ़नी सहज ही खिसकती रहती। कहना न होगा कि आधा गाँव उसके लिए पागल था। बालक पास से, युवक ठीक-ठिकाने से और बूढ़े अपनी मर्यादा, आदर्शवादिता की रक्षा करते हुए दूर से उसकी तान सुनने के लिए, एक झलक देखने के लिए घात लगाये रहते।

गढ़ के चौक में जब उसका गाना जमता, तो दूसरा काम करते हुए अन्यमनस्कता की आड़ में मनोयोग से और कनखियों से ठाकुर उसे देख लिया करते।

मैकू घाघ था। उसने ताड़ लिया। उस दिन संगीत बन्द होने पर पुरस्कार मिल जाने पर और भूरे के साथ बेला के गढ़ के बाहर जाने पर भी मैकू वहीं थोड़ी देर तक खड़ा रहा। ठाकुर ने उसे देखकर पूछा–"क्या है?"

"सरकार! कुछ कहना है।"

'क्या?"

"यह छोकरी इस गाँव से जाना नहीं चाहती। उधर पुलिस तंग कर रही है।"

"जाना नहीं चाहती, क्यों?"

"वह तो घूम-घामकर गढ़ में आ जाती है। खाने को मिल जाता है।..."

मैकू आगे की बात चुप होकर कुछ-कुछ संकेत-भरी मुस्कराहट से कह देना चाहता था।

ठाकुर के मन में हलचल होने लगी। उसे दबाकर प्रतिष्ठा का ध्यान करके ठाकुर ने कहा–

"तो मैं क्या करूँ?"

"सरकार! वह तो साँझ होते ही पलाश के जंगल में अकेली चली जाती है। वहीं बैठी हुई बड़ी रात तक गाया करती है।"

"हूँ!"

"एक दिन सरकार धमका दें, तो हम लोग उसे ले-देकर आगे कहीं चले जायँ।"

"अच्छा।"

मैकू जाल फैलाकर चला आया। एक हजार की बोहनी की कल्पना करते वह अपनी सिरकी में बैठकर हुक्का गुड़गुड़ाने लगा।

बेला के सुन्दर अंग की मेघ-माला प्रेमराशि की रजत-रेखा से उद्भासित हो उठी थी। उसके हृदय में यह विश्वास जम गया था कि भूरे के साथ घर बसाना गोली के प्रेम के साथ विश्वासघात करना है। उसका वास्तविक पति तो गोली ही है। बेला में यह उच्छृंखल भावना विकट ताण्डव करने लगी। उसके हृदय

में वसन्त का विकास था। उमंग में मलयानिल की गति थी। कण्ठ में वनस्थली की काकली थी। आँखों में कुसुमोत्सव था और प्रत्येक आन्दोलन में परिमल का उद्‌गार था। उसकी मादकता बरसाती नदी की तरह वेगवती थी।

आज उसने अपने जूड़े में जंगली करौंदे के फूलों की माला लपेटकर, भरी मस्ती में जंगल की ओर चलने के लिए पैर बढ़ाया, तो भूरे ने डाँटकर कहा—"कहाँ चली?"

"यार के पास।" उसने छूटते ही कहा। बेला के सहवास में आने पर अपनी लघुता को जानते हुए मसोसकर भूरे ने कहा—"तू खून कराये बिना चैन न लेगी।"

बेला की आँखों में गोली का और उसके परिवर्धमान प्रेमांकुर का चित्र था, जो उसके हट जाने पर विरह-जल से हरा-भरा हो उठा था। बेला पलाश के जंगल में अपने बिछुड़े हुए प्रियतम के उद्देश्य से दो-चार विरह-वेदना की तानों की प्रतिध्वनि छोड़ आने का काल्पनिक सुख नहीं छोड़ सकती थी।

उस एकान्त संध्या में बरसाती झिल्लियों की झनकार से वायुमण्डल गूँज रहा था। बेला अपने परिचित पलाश के नीचे बैठकर गाने लगी—

चीन्हत नाहीं बदल गये नैना...

ऐसा मालूम होता था कि सचमुच गोली उस अन्धकार में अपरिचित की तरह मुँह फिराकर चला जा रहा है। बेला की मनोवेदना को पहचानने की क्षमता उसने खो दी है।

बेला का एकान्त में विरह-निवेदन उसकी भाव-प्रवणता को और भी उत्तेजित करता था। पलाश का जंगल उसकी कातर कुहुक से गूँज रहा था। सहसा उस निस्तब्धता को भंग करते हुए घोड़े पर सवार ठाकुर साहब वहाँ आ पहुँचे।

"अरे बेला! तू यहाँ क्या कर रही है?"

बेला की स्वर-लहरी रुक गयी थी। उसने देखा ठाकुर साहब! महत्त्व का सम्पूर्ण चित्र, कई बार जिसे उसने अपने मन की असंयत कल्पना में दुर्गम शैल-शृंग समझकर अपने भ्रम पर अपनी हँसी उड़ा चुकी थी। वह सकुचकर खड़ी हो रही। बोली नहीं, मन में सोच रही थी—गोली को छोड़कर भूरे के साथ रहना क्या उचित है? और नहीं तो फिर..."

ठाकुर ने कहा—"तो तुम्हारे साथ कोई नहीं है। कोई जानवर निकल आवे, तो?"

बेला खिलखिलाकर हँस पड़ी। ठाकुर का प्रमाद बढ़ चला था। घोड़े से झुककर उसका कन्धा पकड़ते हुए कहा, "चलो, तुमको पहुँचा दें।"

उसका शरीर काँप रहा था, और ठाकुर आवेश में भर रहे थे। उन्होंने कहा—"बेला, मेरे यहाँ चलोगी?"

"भूरे मेरा पति है!" बेला के इस कथन में भयानक व्यंग्य था। वह भूरे से छुटकारा पाने के लिए तरस रही थी। उसने धीरे से अपना सिर ठाकुर की जाँघ से सटा दिया। एक क्षण के लिए दोनों चुप थे। फिर उसी समय अन्धकार में दो मूर्तियों का प्रादुर्भाव हुआ। कठोर कण्ठ से भूरे ने पुकारा—"बेला!"

ठाकुर सावधान हो गये थे। उनका हाथ बगल की तलवार की मूठ पर जा पड़ा। भूरे ने कहा—"जंगल में किसलिए तू आती थी, यह मुझे आज मालूम हुआ। चल, तेरा खून पिये बिना न छोड़ूँगा।"

ठाकुर के अपराध का आरम्भ तो उनके मन में हो ही चुका था। उन्होंने अपने को छिपाने का प्रयत्न छोड़ दिया। कड़ककर बोले—"खून करने के पहले अपनी बात भी सोच लो, तुम मुझ पर सन्देह करते हो, तो यह तुम्हारा भ्रम है। मैं तो..."

अब मैकू आगे आया। उसने कहा—"सरकार! बेला अब कंजरों के दल में नहीं रह सकेगी।"

"तो तुम क्या कहना चाहते हो?" ठाकुर साहब अपने में आ रहे थे, फिर भी घटना-चक्र से विवश थे।

"अब यह आपके पास रह सकती है। भूरे इसे लेकर हम लोगों के संग नहीं रह सकता।" मैकू पूरा खिलाड़ी था। उसके सामने उस अन्धकार में रुपये चमक रहे थे।

ठाकुर को अपने अहंकार का आश्रय मिला। थोड़ा-सा विवेक, जो उस अन्धकार में झिलमिला रहा था, बुझ गया। उन्होंने कहा—

"तब तुम क्या चाहते हो?"

"एक हजार।"

"चलो, मेरे साथ"—कहकर बेला का हाथ पकड़कर ठाकुर ने घोड़े को आगे बढ़ाया। भूरे कुछ भुनभुना रहा था; पर मैकू ने उसे दूसरी ओर भेजकर ठाकुर का संग पकड़ लिया। बेला रकाब पकड़े चली जा रही थी।

दूसरे दिन कंजरों का दल उस गाँव से चला गया।

3

ऊपर की घटना को कई साल बीत गये। बेला ठाकुर साहब की एकमात्र प्रेमिका समझी जाती है। अब उसकी प्रतिष्ठा अन्य कुल-वधुओं की तरह होने लगी है। नये उपकरणों से उसका घर सजाया गया है। उस्तादों से गाना सीखा है। गढ़ के भीतर ही उसकी छोटी-सी साफ-सुथरी हवेली है। ठाकुर साहब की उमंग की रातें वहीं कटती हैं। फिर भी ठाकुर कभी-कभी प्रत्यक्ष देख पाते कि बेला उनकी नहीं है! वह न जाने कैसे एक भ्रम में पड़ गये। बात निबाहने की आ पड़ी।

एक दिन एक नट आया। उसने अनेक तरह के खेल दिखलाये। उसके साथ उसकी स्त्री थी, वह घूँघट ऊँचा नहीं करती थी। खेल दिखलाकर जब अपनी पिटारी लेकर जाने लगा, तो कुछ मनचले लोगों ने पूछा–

"क्यों जी, तुम्हारी स्त्री कोई खेल नहीं करती क्या?"

"करती तो है सरकार! फिर किसी दिन दिखलाऊँगा।" कहकर वह चला गया; किन्तु उसकी बाँसुरी की धुन बेला के कानों में उन्माद का आह्वान सुना रही थी। पिंजड़े की वन-विहंगनी को वसन्त की फूली हुई डाली का स्मरण हो आया था।

दूसरे दिन गढ़ में भारी जमघट लगा। गोली का खेल जम रहा था। सब लोग उसके हस्त-कौशल से मुग्ध थे। सहसा उसने कहा–

"सरकार! एक बड़ा भारी दैत्य आकाश में आ गया है, मैं उससे लड़ने जाता हूँ, मेरी स्त्री की रक्षा आप लोग कीजिएगा।"

गोली ने एक डोरी निकालकर उसको ऊपर आकाश की ओर फेंका। वह सीधी तन गयी। सबके देखते-देखते गोली उसी के सहारे आकाश में चढ़कर अदृश्य हो गया। सब लोग मुग्ध होकर भविष्य की प्रतीक्षा कर रहे थे। किसी को यह ध्यान नहीं रहा कि स्त्री अब कहाँ है।

गढ़ के फाटक की ओर सबकी दृष्टि फिर गयी। गोली लहू से रँगा चला आ रहा था। उसने आकर ठाकुर को सलाम किया और कहा–"सरकार! मैंने उस दैत्य को हरा दिया। अब मुझे इनाम मिलना चाहिए।"

सब लोग उस पर प्रसन्न होकर पैसों-रुपयों की बौछार करने लगे। उसने झोली भरकर इधर-उधर देखा, फिर कहा–

''सरकार, मेरी स्त्री भी अब मिलनी चाहिए, मैं भी...।'' किन्तु यह क्या, वहाँ तो उसकी स्त्री का पता नहीं। गोली सिर पकड़कर शोक-मुद्रा में बैठ गया। जब खोजने पर उसकी स्त्री नहीं मिली, तो उसने चिल्लाकर कहा–''यह अन्याय इस राज्य में नहीं होना चाहिए। मेरी सुन्दरी स्त्री को ठाकुर साहब ने गढ़ के भीतर कहीं छिपा दिया। मेरी योगिनी कह रही है।'' सब लोग हँसने लगे। लोगों ने समझा, यह कोई दूसरा खेल दिखलाने जा रहा है। ठाकुर ने कहा–''तो तू अपनी सुन्दर स्त्री मेरे गढ़ में से खोज ला!'' अन्धकार होने लगा था। उसने जैसे घबड़ाकर चारों ओर देखने का अभिनय किया। फिर आँख मूँदकर सोचने लगा।

लोगों ने कहा–''खोजता क्यों नहीं? कहाँ है तेरी सुन्दरी स्त्री?''

''तो जाऊँ न सरकार?''

''हाँ, हाँ, जाता क्यों नहीं''–ठाकुर ने भी हँसकर कहा।

गोली नयी हवेली की ओर चला। वह निःशंक भीतर चला गया। बेला बैठी हुई तन्मय भाव से बाहर की भीड़ झरोखे से देख रही थी। जब उसने गोली को समीप आते देखा, तो वह काँप उठी। कोई दासी वहाँ न थी। सब खेल देखने में लगी थीं। गोली ने पोटली फेंककर कहा–''बेला! जल्द चलो।''

बेला के हृदय में तीव्र अनुभूति जाग उठी थी। एक क्षण में उस दीन भिखारी की तरह–जो एक मुट्ठी भीख के बदले अपना समस्त संचित आशीर्वाद दे देना चाहता है–वह वरदान देने के लिए प्रस्तुत हो गयी। मन्त्र-मुग्ध की तरह बेला ने उस ओढ़नी का घूँघट बनाया। वह धीरे-धीरे उसके पीछे भीड़ में आ गयी। तालियाँ पिटीं। हँसी का ठहाका लगा। वही घूँघट, न खुलने वाला घूँघट सायंकालीन समीर से हिलकर रह जाता था। ठाकुर साहब हँस रहे थे। गोली दोनों हाथों से सलाम कर रहा था।

रात हो चली थी। भीड़ के बीच में गोली बेला को लिए जब फाटक के बाहर पहुँचा, तब एक लड़के ने आकर कहा–''एक्का ठीक है।''

तीनों सीधे उस पर जाकर बैठ गये। एक्का वेग से चल पड़ा।

अभी ठाकुर साहब का दरबार जम रहा था और नट के खेलों की प्रशंसा हो रही थी।

•

सलीम

पश्चिमोत्तर सीमा-प्रान्त में एक छोटी-सी नदी के किनारे पहाड़ियों से घिरे हुए उस छोटे-से गाँव पर, संध्या अपनी धुँधली चादर डाल चुकी थी। प्रेमकुमारी वासुदेव के निमित्त पीपल के नीचे दीपदान करने पहुँची। आर्य-संस्कृति में अश्वत्थ की वह मर्यादा अनार्य-धर्म के प्रचार के बाद भी उस प्रान्त में बची थी, जिसमें अश्वत्थ चैत्य-वृक्ष या वासुदेव का आवास समझकर पूजित होता था। मन्दिरों के अभाव में तो बोधि-वृक्ष ही देवता की उपासना का स्थान था। उसी के पास लेखराम की बहुत पुरानी परचून की दुकान और उसी से सटा हुआ छोटा-सा घर था। बूढ़ा लेखराम एक दिन जब 'रामा राम जै-जै रामा' कहता हुआ इस संसार से चला गया, तब से वह दुकान बन्द थी। उसका पुत्र नन्दराम सरदार सन्तसिंह के साथ घोड़ों के व्यापार के लिए यारकन्द गया था। अभी उसके आने में विलम्ब था। गाँव में दस घरों की बस्ती थी, जिसमें दो-चार खत्रियों के और एक घर पंडित लेखराम मिसर का था। वहाँ के पठान भी शान्तिपूर्ण व्यवसायी थे। इसीलिए वजीरियों के आक्रमण से वह गाँव सदा सशंक रहता था। गुलमुहम्मद खाँ—सत्तर वर्ष का बूढ़ा—उस गाँव का मुखिया—प्रायः अपनी चारपाई पर अपनी चौपाल में पड़ा हुआ काले-नीले पत्थरों की चिकनी मनियों की माला अपनी लम्बी-लम्बी उँगलियों में फिराता हुआ दिखाई देता। कुछ लोग अपने-अपने ऊँट लेकर बनिज-व्यापार के लिए पास की मंडियों में गये थे। लड़के बन्दूकें लिए पहाड़ियों के भीतर शिकार के लिए चले गये थे।

प्रेमकुमारी दीपदान और खीर की थाली वासुदेव को चढ़ाकर अभी नमस्कार कर रही थी कि नदी के उतार में अपनी पतली-दुबली काया में लड़खड़ाता हुआ, एक थका हुआ मनुष्य उसी पीपल के पास आकर बैठ गया। उसने आश्चर्य से प्रेमकुमारी को देखा। उसके मुँह से निकल पड़ा—"काफिर...!"

बन्दूक कन्धे पर रखे और हाथ में एक मरा हुआ पक्षी लटकाये वह दौड़ता चला आ रहा था। पत्थरों की नुकीली चट्टानें उसके पैर को छूती ही न थीं। मुँह से सीटी बज रही थी। वह था गुलमुहम्मद का सोलह बरस का लड़का अमीर खाँ! उसने आते ही कहा—''प्रेमकुमारी, तू थाली उठाकर भागी क्यों जा रही है? मुझे तो आज खीर खिलाने के लिए तूने कह रखा था।''

''हाँ भाई अमीर! मैं अभी और ठहरती; पर क्या करूँ, यह देख न, कौन आ गया है! इसीलिए मैं घर जा रही थी।''

अमीर ने आगन्तुक को देखा। उसे न जाने क्यों क्रोध आ गया। उसने कड़े स्वर में पूछा—''तू कौन है?''

''एक मुसलमान''—उत्तर मिला।

अमीर ने उसकी ओर से मुँह फिराकर कहा—''मालूम होता है कि तू भी भूखा है। चल, तुझे बाबा से कहकर कुछ खाने को दिलवा दूँगा। हाँ, इस खीर में से तो तुझे नहीं मिल सकता। चल न वहीं, जहाँ आग जलती दिखाई दे रही है।'' फिर उसने प्रेमकुमारी से कहा—''तू मुझे क्यों नहीं देती? वह सब आ जायेंगे, तब तेरी खीर मुझे थोड़ी ही सी मिलेगी।''

सीटियों के शब्द से वायुमण्डल गूँजने लगा था। नटखट अमीर का हृदय चंचल हो उठा। उसने ठुनककर कहा—''तू मेरे हाथ पर ही देती जा और मैं खाता जाऊँ।''

प्रेमकुमारी हँस पड़ी। उसने खीर दी। अमीर ने उसे मुँह से लगाया ही था कि नवागन्तुक मुसलमान चिल्ला उठा। अमीर ने उसकी ओर अबकी बार बड़े क्रोध से देखा। शिकारी लड़के पास आ गये थे। वे सब-के-सब अमीर की तरह लम्बी-चौड़ी हड्डियों वाले स्वस्थ, गोरे और स्फूर्ति से भरे हुए थे। अमीर खीर मुँह में डालते हुए न जाने क्या कह उठा और लड़के आगन्तुक को घेरकर खड़े हो गये। उससे कुछ पूछने लगे। उधर अमीर ने अपना हाथ बढ़ाकर खीर माँगने का संकेत किया। प्रेमकुमारी हँसती जाती थी और उसे देती जाती थी। तब भी अमीर उसे तरेरते हुए अपनी आँखों से और भी देने को कह रहा था। उसकी आँखों में से अनुनय, विनय, हठ, स्नेह सभी तो माँग रहे थे, फिर प्रेमकुमारी सबके लिए एक-एक ग्रास क्यों न देती? नटखट अमीर एक आँख से लड़कों को, दूसरी आँख से प्रेमकुमारी को उलझाये हुए खीर गटकता जाता था। उधर

वह आगन्तुक मुसलमान अपनी टूटी-फूटी पश्तो में लड़कों से 'काफिर' का प्रसाद खाने की अमीर की धृष्टता का विरोध कर रहा था। वे आश्चर्य से उसकी बातें सुन रहे थे। एक ने चिल्लाकर कहा—"अरे देखो, अमीर तो सब खीर खा गया।"

सब लड़के घूमकर अब प्रेमकुमारी को घेरकर खड़े हो गये। वह सबके उजले-उजले हाथों पर खीर देने लगी। आगन्तुक ने फिर चिल्लाकर कहा—"क्या तुम सब मुसलमान हो?"

लड़कों ने एक स्वर में कहा—"हाँ, पठान।"

"और उस काफिर की दी हुई...?"

"यह मेरी पड़ोसिन है!"—एक ने कहा।

"यह मेरी बहन है।"—दूसरे ने कहा।

"नन्दराम बन्दूक बहुत अच्छी चलाता है।"—तीसरे ने कहा।

"ये लोग कभी झूठ नहीं बोलते।"—चौथे ने कहा।

"हमारे गाँव के लिए इन लोगों ने कई लड़ाइयाँ की हैं।"—पाँचवें ने कहा।

"हम लोगों को घोड़े पर चढ़ना नन्दराम ने सिखलाया है। वह बहुत अच्छा सवार है।"—छठे ने कहा।

"और नन्दराम ही तो हम लोगों को गुड़ खिलाता है।"—सातवें ने कहा।

"तुम चोर हो।"—यह कहकर लड़कों ने अपने-अपने हाथ की खीर खा डाली और प्रेमकुमारी हँस पड़ी। संध्या उस पीपल की घनी छाया में पुंजीभूत हो रही थी। पक्षियों का कोलाहल शान्त होने लगा था। प्रेमकुमारी ने सब लड़कों से घर चलने के लिए कहा, अमीर ने भी नवागन्तुक से कहा—"तुझे भूख लगी हो, तो हम लोगों के साथ चल।" किन्तु वह तो अपने हृदय के विष से छटपटा रहा था। जिसके लिए वह हिजरत करके भारत से चला आया था, उस धर्म का मुसलमान देश में भी यह अपमान! वह उदास मुँह से उसी अन्धकार में कट्टर दुर्दांत वजीरियों के गाँवों की ओर चल पड़ा।

2

नन्दराम पूरा साढ़े छः फुट का बलिष्ठ युवक था। उसके मस्तक में केसर का टीका न लगा रहे, तो कुलाह और सलवार में वह सोलहों आने पठान ही जँचता। छोटी-छोटी भूरी मूँछें खड़ी रहती थीं। उसके हाथ में कोड़ा रहना आवश्यक

था। उसके मुख पर संसार की प्रसन्न आकांक्षा हँसी बनकर खेला करती। प्रेमकुमारी उसके हृदय की प्रशान्त नीलिमा में उज्ज्वल बृहस्पति ग्रह की तरह झलमलाया करती थी। आज वह बड़ी प्रसन्नता में अपने घर की ओर लौट रही था। सन्तसिंह के घोड़े अच्छे दामों में बिके थे। उसे पुरस्कार भी अच्छा मिला था। वह स्वयं अच्छा घुड़सवार था। उसने अपना घोड़ा भी अधिक मूल्य पाकर बेच दिया था। रुपये पास में थे। वह एक ऊँचे ऊँट पर बैठा हुआ चला आ रहा था। उसके साथी लोग बीच की मण्डी में रुक गये थे; किन्तु काम हो जाने पर, उसे तो प्रेमकुमारी को देखने की धुन सवार थी। ऊपर सूर्य की किरणें झलमला रही थीं। बीहड़ पहाड़ी पथ था। कोसों तक कोई गाँव नहीं था। उस निर्जनता में वह प्रसन्न होकर गाता आ रहा था।

"वह पथिक् कैसे रुकेगा, जिसके घर के किवाड़ खुले हैं और जिसकी प्रेममयी युवती स्त्री अपनी काली आँखों से पति की प्रतीक्षा कर रही है।"

"बादल बरसते हैं, बरसने दो। आँधी उसके पथ में बाधा डालती है। वह उड़ जायगी। धूप पसीना बहाकर उसे शीतल कर लेगा, वह तो घर की ओर आ रहा है। उन कोमल भुज-लताओं का स्निग्ध आलिंगन और निर्मल दुलार प्यासे को निर्झर और बर्फीली रातों की गर्मी है।"

"पथिक्! तू चल-चल, देख, तेरी प्रियतमा की सहज नशीली आँखें तेरी प्रतीक्षा में जागती हुई अधिक लाल हो गयी हैं। उनमें आँसू की बूँद न आने पावे।"

पहाड़ी प्रान्त को कंपित करता हुआ बन्दूक का शब्द प्रतिध्वनित हुआ। नन्दराम का सिर घूम पड़ा। गोली सर्र से कान के पास से निकल गयी। एक बार उसके मुँह से निकल पड़ा—"वजीरी!" वह झुक गया। गोलियाँ चल चुकी थीं। सब खाली गयीं। नन्दराम ने सिर उठाकर देखा, पश्चिम की पहाड़ी में झाड़ों के भीतर दो-तीन सिर दिखायी पड़े। बन्दूक साधकर उसने गोली चला दी।

दोनों तरफ से गोलियाँ चलीं। नन्दराम की जाँघ को छीलती हुई एक गोली निकल गई। और सब बेकार रहीं। उधर दो वजीरियों की मृत्यु हुई। तीसरा कुछ भयभीत होकर भाग चला। तब नन्दराम ने कहा—"नन्दराम को नहीं पहचानता था? ले, तू भी कुछ लेता जा।" उस वजीरी के भी पैर में गोली लगी। वह बैठ गया। और नन्दराम अपने ऊँट पर घर की ओर चला।

सलीम नन्दराम के गाँव से धर्मोन्माद के नशे में चूर इन्हीं सहधर्मियों में आकर मिल गया था। उसके भाग्य से नन्दराम की गोली उसे नहीं लगी। वह

झाड़ियों में छिप गया था। घायल वजीरी ने उससे कहा—''तू परदेशी भूखा बनकर इसके साथ जाकर घर देख आ। इसी नाले से उतर जा। वह तुझे आगे मिल जायगा।'' सलीम उधर ही चला।

नन्दराम अब निश्चिन्त होकर धीरे-धीरे घर की ओर बढ़ रहा था। सहसा उसे कराहने का शब्द सुनाई पड़ा। उसने ऊँट रोककर सलीम से पूछा—''क्या है भाई? तू कौन है?''

सलीम ने कहा—''भूखा परदेशी हूँ। चल भी नहीं सकता। एक रोटी और दो घूँट पानी!''

नन्दराम ने ऊँट बैठाकर उसे अच्छी तरह देखते हुए फिर पूछा—''तुम यहाँ कैसे आ गये?''

''मैं हिन्दुस्तान से हिजरत करके चला आया हूँ।''

''ओहो! भले आदमी, ऐसी बातों से भी कोई अपना घर छोड़ देता है? अच्छा, आओ, मेरे ऊँट पर बैठ जाओ।''

सलीम बैठ गया। दिन ढलने लगा था। नन्दराम के ऊँट के गले के बड़े-बड़े घुँघरू उस निस्तब्ध शान्ति में सजीवता उत्पन्न करते हुए बज रहे थे। उल्लास से भरा हुआ नन्दराम उसी की ताल पर कुछ गुनगुनाता जा रहा था। उधर सलीम कुढ़कर मन-ही-मन भुनभुनाता जा रहा था; परन्तु ऊँट चुपचाप अपना पथ अतिक्रमण कर रहा था। धीरे-धीरे बढ़ने वाले अन्धकार में वह अपनी गति से चल रहा था।

सलीम सोचता था—'न हुआ पास में एक छुरा, नहीं तो यहीं अपने साथियों का बदला चुका लेता!' फिर वह अपनी मूर्खता पर झुँझलाकर विचारने लगा—'पागल सलीम! तू उसके घर का पता लगाने आया है न।' इसी उधेड़बुन में कभी वह अपने को पक्का धार्मिक, कभी सत्य में विश्वास करने वाला, कभी शरण देने वाले सहधर्मियों का पक्षपाती बन रहा था। सहसा ऊँट रुका और घर का किवाड़ खुल पड़ा। भीतर से जलते हुए दीपक के प्रकाश के साथ एक सुन्दर मुख दिखायी पड़ा। नन्दराम ऊँट बैठाकर उतर पड़ा। उसने उल्लास ने कहा—''प्रेमो!'' प्रेमकुमारी का गला भर आया था। बिना बोले ही उसने लपककर नन्दराम के दोनों हाथ पकड़ लिए।

सलीम ने आश्चर्य से प्रेमा को देखकर चीत्कार करना चाहा; पर वह सहसा

रुक गया। उधर प्यार से प्रेमा के कन्धों को हिलाते हुए नन्दराम ने उसका चौंकना देख लिया।

नन्दराम ने कहा—"प्रेमा! हम दोनों के लिए रोटियाँ चाहिए! यह एक भूला परदेशी है। हाँ, पहले थोड़ा-सा पानी और एक कपड़ा तो देना।"

प्रेमा ने चकित होकर पूछा—"क्यों?"

"यों ही कुछ चमड़ा छिल गया है। उसे बाँध लूँ?"

"अरे, तो क्या कहीं लड़ाई भी हुई है?"

"हाँ, तीन-चार वजीरी मिल गये थे।"

"और यह?"—कहकर प्रेमा ने सलीम को देखा। सलीम भय और क्रोध से सूख रहा था! घृणा से उसका मुख विवर्ण हो रहा था।

"एक हिन्दू है।" नन्दराम ने कहा।

"नहीं, मुसलमान हूँ।"

"ओहो, हिन्दुस्तानी भाई! हम लोग हिन्दुस्तान के रहने वालों को हिन्दू ही सा देखते हैं। तुम बुरा न मानना।"—कहते हुए नन्दराम ने उसका हाथ पकड़ लिया। वह झुँझला उठा और प्रेमकुमारी हँस पड़ी। आज की हँसी कुछ दूसरी थी। उसकी हँसी में हृदय की प्रसन्नता साकार थी। एक दिन और प्रेमा का मुसकाना सलीम ने देखा था, तब जैसे उसमें स्नेह था। आज थी उसमें मादकता, नन्दराम के ऊपर अनुराग की वर्षा! वह और भी जल उठा। उसने कहा—"काफिर, क्या यहाँ कोई मुसलमान नहीं है।"

"है तो, पर आज तो तुमको मेरे ही यहाँ रहना होगा।" दृढ़ता से नन्दराम ने कहा।

सलीम सोच रहा था, घर देखकर लौट आने की बात! परन्तु यह प्रेमा! ओह, कितनी सुन्दर! कितना प्यार-भरा हृदय! इतना सुख! काफिर के पास यह विभूति! तो वह क्यों न यहीं रहे? अपने भाग्य की परीक्षा कर देखे!

सलीम वहीं खा-पीकर एक कोठरी में सो रहा और सपने देखने लगा—उसके हाथ में रक्त से भरा हुआ छुरा है। नन्दराम मरा पड़ा है। वजीरियों का सरदार उसके ऊपर प्रसन्न है। लूट में पकड़ी हुई प्रेमा उसे मिल रही है। वजीरियों का बदला लेने में उसने पूरी सहायता की है। सलीम ने प्रेमा का हाथ पकड़ना चाहा। साथ ही प्रेमा का भरपूर थप्पड़ उसके गाल पर पड़ा। उसने तिलमिलाकर आँखें खोल दीं। सूर्य की किरणें उसकी आँखों में घुसने लगीं।

बाहर अमीर चिलम भर रहा था। उसने कहा–"नन्द भाई, तूने मेरे लिए पोस्तीन लाने के लिए कहा था। वह कहाँ है?" वह उछल रहा था। उसका ऊधमी शरीर प्रसन्नता से नाच रहा था।

नन्दराम मुलायम बालों वाली चमड़े की सदरी–जिस पर रेशमी सुनहरा काम था–लिए हुए बाहर निकला। अमीर को पहनाकर उसके गालों पर चपत जड़ते हुए कहा–"नटखट, ले, तू अभी छोटा ही रहा। मैंने तो समझा था कि तीन महीनों में तू बहुत बढ़ गया होगा।"

वह पोस्तीन पहनकर उछलता हुए प्रेमा के पास चला गया। उसका नाचना देखकर वह खिलखिला पड़ी। गुलमुहम्मद भी आ गया था। उसने पूछा–"नन्दराम, तू अच्छी तरह रहा?"

"हाँ जी! यहीं आते हुए कुछ वजीरियों से सामना हो गया। दो को तो ठिकाने लगा दिया। थोड़ी-सी चोट मेरे पैर में भी आ गयी।"

"वजीरी!"–कहकर बूढ़ा एक बार चिन्ता में पड़ गया। तब तक नन्दराम ने उसके सामने रुपये की थैली उलट दी। बूढ़ा अपने घोड़े का दाम सहेजने लगा।

प्रेमा ने कहा–"बाबा! तुमने कुछ और भी कहा था। वह तो नहीं आया!"

बूढ़ा त्यौरी बदलकर नन्दराम को देखने लगा। नन्दराम ने कहा–"मुझे घर में अस्तबल के लिए एक दालान बनाना है। इसलिए बालियाँ नहीं ला सका।"

"नहीं नन्दराम! तुझको पेशावर फिर से जाना होगा। प्रेमा के लिए बालियाँ बनवा ला! तू अपनी बात रखता है।"

"अच्छा चाचा! अबकी बार जाऊँगा, तो...ले ही आऊँगा।"

हिजरती सलीम आश्चर्य से उनकी बातें सुन रहा था। सलीम जैसे पागल होने लगा था। मनुष्यता का एक पक्ष यह भी है, जहाँ वर्ण, धर्म और देश को भूलकर मनुष्य मनुष्य के लिए प्यार करता है। उसके भीतर की कोमल भावना, शायरों की प्रेम-कल्पना, चुटकी लेने लगी! वह प्रेमा को 'काफिर' कहता था। आज उसने चपाती खाते हुए मन-ही-मन कहा–'बुते-काफिर!'

3

सलीम घुमक्कड़ी-जीवन की लालसाओं से सन्तप्त, व्यक्तिगत आवश्यकताओं से असन्तुष्ट युक्तप्रान्त का मुसलमान था। कुछ-न-कुछ करते रहने का उसका

स्वभाव था। जब वह चारों ओर से असफल हो रहा था, तभी तुर्की की सहानुभूति में हिजरत का आन्दोलन खड़ा हुआ था। सलीम भी उसी में जुट पड़ा। मुसलमानी देशों का आतिथ्य कड़वा होने का अनुभव उसे अफगानिस्तान में हुआ। वह भटकता हुआ नन्दराम के घर पहुँचा था।

मुसलिम उत्कर्ष का उबाल जब ठण्डा हो चला, तब उसके मन में एक स्वार्थपूर्ण कोमल कल्पना का उदय हुआ। वह सूफी कवियों-सा सौन्दर्योपासक बन गया। नन्दराम के घर का काम करता हुआ वह जीवन बिताने लगा। उसमें भी 'बुते-काफिर' को उसने अपनी संसार-यात्रा का चरम लक्ष्य बना लिया।

प्रेमा उससे साधारणतः हँसती-बोलती और काम के लिए कहती। सलीम उसके लिए खिलौना था। दो मन दो विरुद्ध दिशाओं में चलकर भी नियति से बाध्य थे, एकत्र रहने के लिए।

अमीर ने एक दिन नन्दराम से कहा—''उस पाजी सलीम को अपने यहाँ से भगा दो क्योंकि उसके ऊपर सन्देह करने का पूरा कारण है।''

नन्दराम ने हँसकर कहा—''भाई अमीर! वह परदेश में बिना सहारे आया है। उसके ऊपर सबको दया करनी चाहिए।''

अमीर के निष्कपट हृदय में यह बात न जँची। वह रूठ गया। तब भी नन्दराम ने सलीम को अपने यहाँ रहने दिया।

सलीम अब कभी-कभी दूर-दूर घूमने के लिए चला जाता। उसके हृदय में सौन्दर्य के कारण जो स्निग्धता आ गयी थी, वह लालसा में परिणत होने लगी। प्रतिक्रिया आरम्भ हुई। एक दिन उसे लँगड़ा वजीरी मिला। सलीम की उससे कुछ बातें हुईं। वह फिर से कट्टर मुसलमान हो उठा। धर्म की प्रेरणा से नहीं, लालसा की ज्वाला से!

वह रात बड़ी भयानक थी। कुछ बूँदें पड़ रही थीं। सलीम अभी सशंक होकर जाग रहा था। उसकी आँखें भविष्य का दृश्य देख रही थीं। घोड़ों के पद-शब्द धीरे-धीरे उस निर्जनता को भेदकर समीप आ रहे थे। सलीम ने किवाड़ खोलकर बाहर झाँका। अँधेरी उसके कलुष-सी फैल रही थी। वह ठठाकर हँस पड़ा।

भीतर नन्दराम और प्रेमा का स्नेहालाप बन्द हो चुका था। दोनों तन्द्रालस हो रहे थे। सहसा गोलियों की कड़कड़ाहट सुन पड़ी। सारे गाँव में आतंक फैल गया।

"वजीरी! वजीरी!"

उन दस घरों में भी जो कोई अस्त्र चला सकता था, बाहर निकल पड़ा। अस्सी वजीरियों का दल चारों ओर से गाँव को घेरे में करके भीषण गोलियों की बौछार कर रहा था।

अमीर और नन्दराम बगल में खड़े होकर गोली चला रहे थे। कारतूसों की परतल्ली उनके कन्धों पर थी। नन्दराम और अमीर दोनों के निशाने अचूक थे। अमीर ने देखा कि सलीम पागलों-सा घर में घुसा जा रहा है। वह भी भरी गोली चलाकर उसके पीछे नन्दराम के घर में घुसा। बीसों वजीरी मारे जा चुके थे। गाँव वाले भी घायल और मृतक हो रहे थे। उधर नन्दराम की मार से वजीरियों ने मोर्चा छोड़ दिया था। वह भागने की धुन में थे। सहसा घर में से चिल्लाहट सुनाई पड़ी।

नन्दराम भीतर चला गया। उसने देखा प्रेमा के बाल खुले हैं। उसके हाथ में रक्त से रंजित एक छुरा है। एक वजीरी वहीं घायल पड़ा है और अमीर सलीम की छाती पर चढ़ा हुआ कमर से छुरा निकाल रहा है। नन्दराम ने कहा–"यह क्या है अमीर?"

"चुप रहो भाई! इस पाजी को पहले...।"

"ठहरो अमीर! यह हम लोगों का शरणागत है।"–कहते हुए नन्दराम ने उसका छुरा छीन लिया; किन्तु दुर्दांत युवक पठान कटकटाकर बोला–

"इस सूअर के हाथ! नहीं नन्दराम! तुम हट जाओ, नहीं तो मैं तुमको ही गोली मार दूँगा। मेरी बहन, पड़ोसिन का हाथ पकड़कर खींच रहा था। इसके हाथ..."

नन्दराम आश्चर्य से देख रहा था। अमीर ने सलीम की कलाई ककड़ी की तरह तोड़ ही दी। सलीम चिल्लाकर मूर्च्छित हो गया। प्रेमा ने अमीर को पकड़कर खींच लिया। उसका रणचंडी-वेष शिथिल हो गया था। सहज नारी-सुलभ दया का आविर्भाव हो रहा था। नन्दराम और अमीर बाहर आये।

वजीरी चले गये।

एक दिन टूटे हाथ को सिर से लगाकर जब प्रेमा को सलाम करते हुए सलीम उस गाँव से विदा हो रहा था, तब प्रेमा को न जाने क्यों उस अभागे पर ममता हो आयी। उसने कहा–"सलीम, तुम्हारे घर पर कोई और नहीं है, तो वहाँ जाकर क्या करोगे? यहीं पड़े रहो।"

सलीम रो रहा था। वह अब भी हिन्दुस्तान जाने के लिए इच्छुक नहीं था; परन्तु अमीर ने कड़ककर कहा—''प्रेमा! इसे जाने दे! इस गाँव में ऐसे पाजियों का काम नहीं।''

सलीम पेशावर में बहुत दिनों तक भीख माँगकर खाता और जीता रहा। उसके 'बुते-काफिर' वाले गीत को लोग बड़े चाव से सुनते थे।

•

छोटा जादूगर

कार्निवल के मैदान में बिजली जगमगा रही थी। हँसी और विनोद का कलनाद गूँज रहा था। मैं खड़ा था। उस छोटे फुहारे के पास, जहाँ एक लड़का चुपचाप शराब पीने वालों को देख रहा था। उसके गले में फटे कुरते के ऊपर से एक मोटी-सी सूत की रस्सी पड़ी थी और जेब में कुछ ताश के पत्ते थे। उसके मुँह पर गम्भीर विषाद के साथ धैर्य की रेखा थी। मैं उसकी ओर न जाने क्यों आकर्षित हुआ। उसके अभाव में भी सम्पूर्णता थी। मैंने पूछा—"क्यों जी, तुमने इसमें क्या देखा?"

"मैंने सब देखा है। यहाँ चूड़ी फेंकते हैं। खिलौनों पर निशाना लगाते हैं। तीर से नम्बर छेदते हैं। मुझे तो खिलौनों पर निशाना लगाना अच्छा मालूम हुआ। जादूगर तो बिलकुल निकम्मा है। उससे अच्छा तो ताश का खेल मैं ही दिखा सकता हूँ।"—उसने बड़ी प्रगल्भता से कहा। उसकी वाणी में कहीं रुकावट न थी?

मैंने पूछा—"और उस परदे में क्या है? वहाँ तुम गये थे?"

"नहीं, वहाँ मैं नहीं जा सका। टिकट लगता है।"

मैंने कहा—"तो चल, मैं वहाँ पर तुमको लिवा चलूँ।" मैंने मन-ही-मन कहा—'भाई! आज के तुम्हीं मित्र रहे।'

उसने कहा—"वहाँ जाकर क्या कीजिएगा? चलिए, निशाना लगाया जाय।"

मैंने उससे सहमत होकर कहा—"तो फिर चलो, पहिले शरबत पी लिया जाय।" उसने स्वीकार-सूचक सिर हिला दिया।

मनुष्यों की भीड़ से जाड़े की संध्या भी वहाँ गर्म हो रही थी। हम दोनों शरबत पीकर निशाना लगाने चले। राह में ही उससे पूछा—"तुम्हारे और कौन है?"

"माँ और बाबूजी।"

"उन्होंने तुमको यहाँ आने के लिए मना नहीं किया?"

"बाबूजी जेल में हैं।"

"क्यों?"

"देश के लिए।"—वह गर्व से बोला।

"और तुम्हारी माँ?"

"वह बीमार है।"

"और तुम तमाशा देख रहे हो?"

उसके मुँह पर तिरस्कार की हँसी फूट पड़ी। उसने कहा—"तमाशा देखने नहीं, दिखाने निकला हूँ। कुछ पैसे ले जाऊँगा, तो माँ को पथ्य दूँगा। मुझे शरबत न पिलाकर आपने मेरा खेल देखकर मुझे कुछ दे दिया होता, तो मुझे अधिक प्रसन्नता होती!"

मैं आश्चर्य से उस तेरह-चौदह वर्ष के लड़के को देखने लगा।

"हाँ, मैं सच कहता हूँ बाबूजी! माँ बीमार है; इसीलिए मैं नहीं गया।"

"कहाँ?"

"जेल में! जब कुछ लोग खेल-तमाशा देखते ही हैं, तो मैं क्यों न दिखाकर माँ की दवा करूँ और अपना पेट भरूँ।"

मैंने दीर्घ निश्वास लिया। चारों ओर बिजली के लट्टू नाच रहे थे। मन व्यग्र हो उठा। मैंने उससे कहा—"अच्छा चलो, निशाना लगाया जाय।"

हम दोनों उस जगह पर पहुँचे, जहाँ खिलौने को गेंद से गिराया जाता था। मैंने बारह टिकट खरीदकर उस लड़के को दिये।

वह निकला पक्का निशानेबाज। उसका कोई गेंद खाली नहीं गया। देखने वाले दंग रह गये। उसने बारह खिलौनों को बटोर लिया; लेकिन उठाता कैसे? कुछ मेरी रूमाल में बँधे, कुछ जेब में रख लिए गये।

लड़के ने कहा—"बाबूजी, आपको तमाशा दिखाऊँगा। बाहर आइए, मैं चलता हूँ।" वह नौ-दो ग्यारह हो गया। मैंने मन-ही-मन कहा—'इतनी जल्दी आँख बदल गयी।'

मैं घूमकर पान की दुकान पर आ गया। पान खाकर बड़ी देर तक इधर-उधर टहलता देखता रहा। झूले के पास लोगों का ऊपर-नीचे आना देखने लगा। अकस्मात् किसी ने ऊपर के हिंडोले से पुकारा—"बाबूजी!"

मैंने पूछा—"कौन?"

"मैं हूँ छोटा जादूगर।"

कलकत्ते के सुरम्य बोटोनिकल-उद्यान में लाल कमलिनी से भरी हुई एक छोटी-सी झील के किनारे घने वृक्षों की छाया में अपनी मण्डली के साथ बैठा हुआ मैं जलपान कर रहा था। बातें हो रही थीं। इतने में वही छोटा जादूगर दिखाई पड़ा। हाथ में चार खाने का खादी का झोला। साफ जाँघिया और आधी बाँहों का कुरता। सिर पर मेरी रूमाल सूत की रस्सी से बँधी हुई थी। मस्तानी चाल में झूमता हुआ आकर कहने लगा—

"बाबूजी, नमस्ते! आज कहिए, तो खेल दिखाऊँ।"

"नहीं जी, अभी हम लोग जलपान कर रहे हैं।"

"फिर इसके बाद क्या गाना-बजाना होगा, बाबूजी?"

"नहीं जी—तुमको..." क्रोध से मैं कुछ और कहने जा रहा था। श्रीमती ने कहा—"दिखलाओ जी, तुम तो अच्छे आये। भला, कुछ मन तो बहले।" मैं चुप हो गया; क्योंकि श्रीमती की वाणी में वह माँ की-सी मिठास थी, जिसके सामने किसी भी लड़के को रोका जा नहीं सकता। उसने खेल आरम्भ किया।

उस दिन कार्निवल के सब खिलौने उसके खेल में अपना अभिनय करने लगे। भालू मनाने लगा। बिल्ली रूठने लगी। बन्दर घुड़कने लगा।

गुड़िया का ब्याह हुआ। गुड्डा वर काना निकला। लड़के की वाचालता से ही अभिनय हो रहा था। सब हँसते-हँसते लोट-पोट हो गये।

मैं सोच रहा था। बालक को आवश्यकता ने कितना शीघ्र चतुर बना दिया। यही तो संसार है।

ताश के सब पत्ते लाल हो गये। फिर सब काले हो गये। गले की सूत की डोरी टुकड़े-टुकड़े होकर जुट गयी। लट्टू अपने से नाच रहे थे। मैंने कहा—"अब हो चुका। अपना खेल बटोर लो, हम लोग भी अब जाएँगे।"

श्रीमती जी ने धीरे से उसे एक रुपया दे दिया। वह उछल उठा।

मैंने कहा—"लड़के!"

"छोटा जादूगर कहिए। यही मेरा नाम है। इसी से मेरी जीविका है।"

मैं कुछ बोलना ही चाहता था कि श्रीमती ने कहा—"अच्छा, तुम इस रुपये से क्या करोगे?"

"पहले भरपेट पकौड़ी खाऊँगा। फिर एक सूती कम्बल लूँगा।"

मेरा क्रोध अब लौट आया। मैं अपने पर बहुत क्रुद्ध होकर सोचने लगा–'ओह! कितना स्वार्थी हूँ मैं। उसके एक रुपये पाने पर मैं ईर्ष्या करने लगा था न!'

वह नमस्कार करके चला गया। हम लोग लता-कुंज देखने के लिए चले।

उस छोटे-से बनावटी जंगल में संध्या साँय-साँय करने लगी थी। अस्ताचलगामी सूर्य की अन्तिम किरण वृक्षों की पत्तियों से विदाई ले रही थी। एक शान्त वातावरण था। हम लोग धीरे-धीरे मोटर से हावड़ा की ओर आ रहे थे।

रह-रहकर छोटा जादूगर स्मरण होता था। सचमुच वह एक झोंपड़ी के पास कम्बल कन्धे पर डाले खड़ा था। मैंने मोटर रोककर उससे पूछा–"तुम यहाँ कहाँ?"

"मेरी माँ यहीं है न। अब उसे अस्पताल वालों ने निकाल दिया है।" मैं उतर गया। उस झोंपड़ी में देखा, तो एक स्त्री चिथड़ों से लदी हुई काँप रही थी।

छोटे जादूगर ने कम्बल ऊपर से डालकर उसके शरीर से चिमटते हुए कहा–"माँ!"

मेरी आँखों से आँसू निकल पड़े।

बड़े दिन की छुट्टी बीत चली थी। मुझे अपने ऑफिस में समय से पहुँचना था। कलकत्ते से मन ऊब गया था। फिर भी चलते-चलते एक बार उस उद्यान को देखने की इच्छा हुई। साथ-ही-साथ जादूगर भी दिखाई पड़ जाता, तो और भी...मैं उस दिन अकेले ही चल पड़ा। जल्द लौट आना था।

दस बज चुका था। मैंने देखा कि उस निर्मल धूप में सड़क के किनारे एक कपड़े पर छोटे जादूगर का रंगमंच सजा था। मोटर रोक कर उतर पड़ा। वहाँ बिल्ली रूठ रही थी। भालू मनाने चला था। ब्याह की तैयारी थी; यह सब होते हुए भी जादूगर की वाणी में वह प्रसन्नता की तरी नहीं थी। जब वह औरों को हँसाने की चेष्टा कर रहा था, तब जैसे स्वयं काँप जाता था। मानो उसके रोएँ रो रहे थे। मैं आश्चर्य से देख रहा था। खेल हो जाने पर पैसा बटोरकर उसने भीड़ में मुझे देखा। वह जैसे क्षण-भर के लिए स्फूर्तिमान हो गया। मैंने उसकी पीठ थपथपाते हुए पूछा–"आज तुम्हारा खेल जमा क्यों नहीं?"

"माँ ने कहा है कि आज तुरन्त चले आना। मेरी घड़ी समीप है।"—अविचल भाव से उसने कहा।

"तब भी तुम खेल दिखलाने चले आये!" मैंने कुछ क्रोध से कहा। मनुष्य के सुख-दुःख का माप अपना ही साधन तो है। उसी के अनुपात से वह तुलना करता है।

उसके मुँह पर वही परिचित तिरस्कार की रेखा फूट पड़ी।

उसने कहा—"न क्यों आता!"

और कुछ अधिक कहने में जैसे वह अपमान का अनुभव कर रहा था।

क्षण-भर में मुझे अपनी भूल मालूम हो गयी। उसके झोले को गाड़ी में फेंककर उसे भी बैठाते हुए मैंने कहा—"जल्दी चलो।" मोटर वाला मेरे बताये हुए पथ पर चल पड़ा।

कुछ ही मिनटों में मैं झोंपड़े के पास पहुँचा। जादूगर दौड़कर झोंपड़े में माँ-माँ पुकारते हुए घुसा। मैं भी पीछे था; किन्तु स्त्री के मुँह से, 'बे...' निकलकर रह गया। उसके दुर्बल हाथ उठकर गिर गये। जादूगर उससे लिपटा रो रहा था, मैं स्तब्ध था। उस उज्ज्वल धूप में समग्र संसार जैसे जादू-सा मेरे चारों ओर नृत्य करने लगा।

•

नूरी

“ऐ; तुम कौन?”

“............”

“बोलते नहीं?”

“............”

“तो मैं बुलाऊँ किसी को–” कहते हुए उसने छोटा-सा मुँह खोला ही था कि युवक ने एक हाथ उसके मुँह पर रखकर उसे दूसरे हाथ से दबा लिया। वह विवश होकर चुप हो गयी। और भी, आज पहला ही अवसर था, जब उसने केसर, कस्तूरी और अम्बर से बसा हुआ यौवनपूर्ण उद्वेलित आलिंगन पाया था। उधर किरणें भी पवन के एक झोंके के साथ किसलयों को हटाकर घुस पड़ीं। दूसरे ही क्षण उस कुंज के भीतर छनकर आती हुई चाँदनी में जौहर से सधी कटार चमचमा उठी। भयभीत मृग-शावक-सी काली आँखें अपनी निरीहता में दया की–प्राणों की भीख माँग रही थीं। युवक का हाथ रुक गया। उसने मुँह पर उँगली रखकर चुप रहने का संकेत किया। नूरी काश्मीर की कली थी। सीकरी के महलों में उसके कोमल चरणों की नृत्य-कला प्रसिद्ध थी। उस कलिका का आमोद-मकरन्द अपनी सीमा में मचल रहा था। उसने समझा, कोई मेरा साहसी प्रेमी है, जो महाबली अकबर की आँख-मिचौनी क्रीड़ा के समय पतंग-सा प्राण देने आ गया है। नूरी ने इस कल्पना के सुख में अपने को धन्य समझा और चुप रहने का संकेत पाकर युवक के मधुर अधरों पर अपने अधर रख दिये। युवक भी आत्म-विस्मृत-सा उस सुख में पल-भर के लिए तल्लीन हो गया। नूरी ने धीरे से कहा–“यहाँ से जल्द चले जाओ। कल बाँध पर पहले पहर की नौबत बजने के समय मौलसिरी के नीचे मिलूँगी।”

युवक धीरे-धीरे वहाँ से खिसक गया। नूरी शिथिल चरण से लड़खड़ाती हुई दूसरे कुंज की ओर चली; जैसे कई प्याले अंगूरी चढ़ा ली हो! उसकी जैसी कितनी

ही सुन्दरियाँ अकबर को खोज रही थीं। आकाश का सम्पूर्ण चन्द्र इस खेल को देखकर हँस रहा था। नूरी अब किसी कुंज में घुसने का साहस नहीं रखती थी। नरगिस दूसरे कुंज से निकलकर आ रही थी। उसने नूरी से पूछा—

"क्यों, उधर देख आयी?"

"नहीं, मुझे तो नहीं मिले।"

"तो फिर चल, इधर कामिनी के झाड़ों में देखूँ।"

"तू ही जा, मैं थक गयी हूँ।"

नरगिस चली गयी। मालती की झुकी हुई डाल की अँधेरी छाया में धड़कते हुए हृदय को हाथों से दबाये नूरी खड़ी थी! पीछे से किसी ने उसकी आँखों को बन्द कर लिया। नूरी की धड़कन और बढ़ गयी। उसने साहस से कहा—

"मैं पहचान गयी!"

"..............."

"जहाँपनाह" उसके मुँह से निकला ही था कि अकबर ने उसका मुँह बन्द कर लिया और धीरे से उसके कानों में कहा—

"मरियम को बता देना, सुलताना को नहीं; समझी न! मैं उस कुंज में जाता हूँ।"

अकबर के जाने के बाद ही सुलताना वहाँ आयी। नूरी उसी की छत्रछाया में रहती थी; पर अकबर की आज्ञा! उसने दूसरी ओर सुलताना को बहका दिया। मरियम धीरे-धीरे वहाँ आयी। वह ईसाई बेगम इस आमोद-प्रमोद से परिचित न थी। तो भी यह मनोरंजन उसे अच्छा लगा। नूरी ने अकबर वाला कुन्ज उसे बता दिया।

घंटों के बाद जब सब सुन्दरियाँ थक गयी थीं, तब मरियम का हाथ पकड़े अकबर बाहर आये। उस समय नौबतखाने से मीठी-मीठी सोहनी बज रही थी। अकबर ने एक बार नूरी को अच्छी तरह देखा। उसके कपोलों को थपथपाकर उसको पुरस्कार दिया। आँख-मिचौनी हो गयी!

2

सीकरी की झील जैसे लहरा रही है, वैसा ही आन्दोलन नूरी के हृदय में हो रहा है। वसन्त की चाँदनी में भ्रम हुआ कि उसका प्रेमी युवक आया है।

उसने चौंककर देखा; किन्तु कोई नहीं था। मौलसिरी के नीचे बैठे हुए उसे एक घड़ी से अधिक हो गया। जीवन में आज वह पहले ही अभिसार का साहस कर सकी है। भय से उसका मन काँप रहा है; पर लौट जाने को मन नहीं चाहता। उत्कण्ठा और प्रतीक्षा कितनी पागल सहेलियाँ हैं! दोनों उसे उछालने लगीं।

किसी ने पीछे से आकर कहा—''मैं आ गया।''

नूरी ने घूमकर देखा, लम्बा-सा, गौर वर्ण का युवक उसकी बगल में खड़ा है। वह चाँदनी रात में उसे पहचान गयी। उसने कहा—''शाहजादा याकूब खाँ?''

''हाँ, मैं ही हूँ! कहो, तुमने क्यों बुलाया है?''

नूरी सन्नाटे में आ गयी। इस प्रश्न में प्रेम की गन्ध भी नहीं थी। वह भी महलों में रह चुकी थी। उसने भी पैंतरा बदल दिया।

''आप वहाँ क्यों गये थे?''

''मैं इसका जवाब न दूँ, तो?''

नूरी चुप रही। याकूब खाँ ने कहा—''तुम जानना चाहती हो?''

''न बताइए।''

''बताऊँ तो मुझे...''

''आप डरते हैं, तो न बताइए।''

''अच्छा, तो तुम सच बताओ कि कहाँ की रहने वाली हो?''

''मैं काश्मीर में पैदा हुई हूँ।''

याकूब खाँ अब उसके समीप ही बैठ गया। उसने पूछा—''कहाँ?''

''श्रीनगर के पास ही मेरा घर है।''

''यहाँ क्या करती हो?''

''नाचती हूँ। मेरा नाम नूरी है।''

''काश्मीर जाने को मन नहीं करता?''

''नहीं।''

''क्यों?''

''वहाँ जाकर क्या करूँगी? सुलतान यूसुफ खाँ ने मेरा घर-बार छीन लिया है। मेरी माँ बेड़ियों में जकड़ी हुई दम तोड़ती होगी या मर गयी होगी।''

''मैं कहकर छुड़वा दूँगा, तुम यहाँ से चलो।''

''नहीं, मैं यहाँ से नहीं जा सकती; पर शाहजादा साहब, आप वहाँ क्यों गये थे, मैं जान गयी।''

''नूरी, तुम जान गयी हो, तो अच्छी बात है। मैं भी बेड़ियों में पड़ा हूँ। यहाँ अकबर के चंगुल में छटपटा रहा हूँ। मैं कल रात को उसी के कलेजे में कटार भोंक देने के लिए गया था।''

''शाहंशाह को मारने के लिए?''—भय से चौंककर नूरी ने कहा।

''हाँ, नूरी, वहाँ तुम न आतीं, तो मेरा काम न बिगड़ता। काश्मीर को हड़पने की उसकी...'' याकूब रुककर पीछे देखने लगा। दूर कोई चला जा रहा था। नूरी भी उठ खड़ी हुई। दोनों और नीचे झील की ओर उतर गये। जल के किनारे बैठकर नूरी ने कहा—''अब ऐसा न करना।''

''क्यों न करूँ? मुझे काश्मीर से बढ़कर और कौन प्यारा है? मैं उसके लिए क्या नहीं कर सकता?'' यह कहकर याकूब ने लम्बी साँस ली। उसका सुन्दर मुख वेदना से विवर्ण हो गया। नूरी ने देखा, वह प्यार की प्रतिमा है। उसके हृदय में प्रेम-लीला करने की वासना बलवती हो चली थी। फिर यह एकान्त और वसन्त की नशीली रात! उसने कहा—''आप चाहे काश्मीर को प्यार करते हों। पर कुछ लोग ऐसे भी हो सकते हैं, जो आपको प्यार करते हों!''

''पागल! मेरे सामने एक ही तसवीर है। फूलों से भरी, फलों से लदी हुई, सिन्ध और झेलम की घाटियों की हरियाली! मैं इस प्यार को छोड़कर दूसरी ओर...?''

''चुप रहिए, शाहजादा साहब! आप धीरे से नहीं बोल सकते, तो चुप रहिए।''

यह कहकर नूरी ने एक बार फिर पीछे की ओर देखा। वह चंचल हो रही थी, मानो आज ही उसके वसन्त-पूर्ण यौवन की सार्थकता है। और वह विद्रोही युवक सम्राट् अकबर के प्राण लेने और अपने प्राण देने पर तुला है। कहते हैं कि तपस्वी को डिगाने के लिए स्वर्ग की अप्सराएँ आती हैं। आज नूरी अप्सरा बन रही थी। उसने कहा— "तो मुझे काश्मीर ले चलिएगा?" याकूब के समीप और सटकर भयभीत-सी होकर वह बोली—"बोलिए, मुझे ले चलिएगा? मैं भी इन सुनहरी बेड़ियों को तोड़ना चाहती हूँ।"

''तुम मुझसे प्यार करती हो, नूरी?''

''दोनों लोकों से बढ़कर?'' नूरी उन्मादिनी हो रही थी।

''पर मुझे तो अभी एक बार फिर वही करना है, जिसके लिए तुम मना

करती हो। बच जाऊँगा, तो देखा जाएगा!''—यह कहकर याकूब ने उसका हाथ पकड़ लिया। नूरी नीचे से ऊपर तक थरथराने लगी। उसने अपना सुन्दर मुख याकूब के कन्धे पर रखकर कहा—''नहीं, अब ऐसा न करो, तुमको मेरी कसम!''

सहसा चौंककर युवक फुर्ती से उठ खड़ा हुआ। और नूरी जब तक सम्भली, तब तक याकूब वहाँ न था। अभी नूरी दो पग भी बढ़ने न पायी थी कि मादम तातारी का कठोर हाथ उसके कन्धों पर आ पहुँचा। तातारी ने कहा—''सुलताना तुमको कब से खोज रही है?''

3

सुलताना बेगम और बादशाह चौसर खेल रहे थे। उधर पचीसी के मैदान में सुन्दरियाँ गोटें बनकर चाल चल रही थीं। नौबतखाने से पहले पहर की सुरीली शहनाई बज रही थी। नगाड़े पर अकबर की बाँधी हुई गति में लड़की थिरक रही थी, जिसकी धुन में अकबर चाल भूल गये। उनकी गोट पिट गयी।

पिटी हुई गोट दूसरी न थी, वह थी नूरी। उस दिन की थपकियों ने उसको साहसी बना दिया था। वह मचलती हुई बिसात के बाहर तिबारी में चली आयी। पाँसे हाथ में लिए हुए अकबर उसकी ओर देखने लगे। नूरी ने अल्हड़पन से कहा—''तो मैं मर गयी?''

''तू जीती रह, मरेगी क्यों?'' फिर दक्षिण नायक की तरह उसका मनोरंजन करने में चतुर अकबर ने सुलताना की ओर देखकर कहा—''इसका नाम क्या है?'' मन में सोच रहे थे, उस रात की आँख-मिचौनी वाली घटना!

''यह काश्मीर की रहने वाली है। इसका नाम नूरी है। बहुत अच्छा नाचती है।''—सुलताना ने कहा।

''मैंने तो कभी नहीं देखा।''

''तो देखिए न।''

''नूरी? तू इसी शहनाई की गत पर नाच सकेगी?''

''क्यों नहीं, जहाँपनाह!''

गोटें अपने-अपने घर में जहाँ-की-तहाँ बैठी रहीं। नूरी का वासना और उन्माद से भरा हुआ नृत्य आरम्भ हुआ। उसके नूपुर खुले हुए बोल रहे थे। वह नाचने लगी, जैसे जलतरंग। वागीश्वरी के विलम्बित स्वरों में अंगों के अनेक मरोड़ों

के बाद जब कभी वह चुन-चुनकर एक-दो घुँघरू बजा देती, तब अकबर "वाह! वाह!" कह उठता। घड़ी-भर नाचने के बाद जब शहनाई बन्द हुई, तब अकबर ने उसे बुलाकर कहा—"नूरी! तू कुछ चाहती है?"

"नहीं, जहाँपनाह!"

"कुछ भी?"

"मैं अपनी माँ को देखना चाहती हूँ। छुट्टी मिले, तो!"—सिर नीचे किये हुए नूरी ने कहा।

"दुत्—और कुछ नहीं?"

"और कुछ नहीं।"

"अच्छा, तो जब मैं काबुल चलने लगूँगा, तब तू भी वहाँ चल सकेगी।"

फिर गोटें चलने लगीं। खेल होने लगा। सुलताना और शाहंशाह दोनों ही इस चिन्ता में थे कि दूसरा हारे। यही तो बात है, संसार चाहता है कि तुम मेरे साथ खेलो; पर सदा तुम्हीं हारते रहो। नूरी फिर गोट बन गयी थी। अबकी वही फिर पिटी। उसने कहा—"मैं मर गयी।"

अकबर ने कहा—"तू अलग जा बैठ।" छुट्टी पाते ही थकी हुई नूरी पचीसी के समीप अमराई में जा घुसी। अभी वह नाचने की थकावट से अँगड़ाई ले रही थी। सहसा याकूब ने आकर उसे पकड़ लिया। उसके शिथिल सुकुमार अंगों को दबाकर उसने कहा—"नूरी, मैं तुम्हारे प्यार को लौटा देने के लिए आया हूँ।"

व्याकुल होकर नूरी ने कहा—"नहीं, नहीं, ऐसा न करो।"

"मैं आज मरने-मारने पर तुला हूँ।"

"तो क्या फिर तुम आज उसी काम के लिए..."

"हाँ नूरी!"

"नहीं, शाहजादा याकूब! ऐसा न करो। मुझे आज शाहंशाह ने काश्मीर जाने की छुट्टी दे दी है। मैं तुम्हारे साथ भी चल सकती हूँ।"

"पर मैं वहाँ न जाऊँगा। नूरी! मुझे भूल जाओ।"

नूरी उसे अपने हाथों में जकड़े थी; किन्तु याकूब का देश-प्रेम उसकी प्रतिज्ञा की पूर्ति माँग रहा था। याकूब ने कहा—"नूरी! अकबर सिर झुकाने से मान जाय सो नहीं। वह तो झुके हुए सिर पर भी चढ़ बैठना चाहता है। मुझे छुट्टी दो। मैं यही सोचकर सुख से मर सकूँगा कि कोई मुझे प्यार करता है।"

नूरी सिसककर रोने लगी। याकूब का कन्धा उसके आँसुओं की धारा से भीगने लगा। अपनी कठोर भावनाओं से उन्मत्त और विद्रोही युवक शाहजादा ने बलपूर्वक अभी अपने को रमणी के बाहुपाश से छुड़ाया ही था कि चार तातारी दासियों ने अमराई के अन्धकार से निकलकर दोनों को पकड़ लिया।

अकबर की बिसात अभी बिछी थी। पासे अकबर के हाथ में थे। दोनों अपराधी सामने लाये गये। अकबर ने आश्चर्य से पूछा—''याकूब खाँ?''

याकूब के नत मस्तक की रेखाएँ ऐंठी जा रही थीं। वह चुप था। फिर नूरी की ओर देखकर शाहंशाह ने कहा—''तो इसीलिए तू काश्मीर जाने की छुट्टी माँग रही थी?''

वह भी चुप।

''याकूब! तुम्हारा यह लड़कपन यूसुफ खाँ भी न सहते; लेकिन मैं तुम्हें छोड़ देता हूँ। जाने की तैयारी करो। मैं काबुल से लौटकर काश्मीर आऊँगा।''

संकेत पाते ही तातारियाँ याकूब को ले चलीं। नूरी खड़ी रही। अकबर ने उसकी ओर देखकर कहा—''इसे बुर्ज में ले जाओ।''

नूरी बुर्ज के तहखाने में बन्दिनी हुई।

अट्ठारह बरस बाद!

जब अकबर की नवरत्न-सभा उजड़ चुकी थी, उसके प्रताप की ज्योति आने वाले अन्तिम दिन की उदास और धुँधली छाया में विलीन हो रही थी, हिन्दू और मुस्लिम-एकता का उत्साह शीतल हो रहा था, तब अकबर को अपने पुत्र सलीम से भी भय उत्पन्न हुआ। सलीम ने अपनी स्वतन्त्रता की घोषणा की थी, इसीलिए पिता-पुत्र में मेल होने पर भी आगरा में रहने के लिए सलीम को जगह नहीं थी। उसने दुखी होकर अपनी जन्म-भूमि में रहने की आज्ञा माँगी।

सलीम फतहपुर-सीकरी आया। मुगल साम्राज्य का वह अलौकिक इन्द्रजाल! अकबर की यौवन-निशा का सुनहरा स्वप्न—सीकरी का महल—पथरीली चट्टानों पर बिखरा पड़ा था। इतना आकस्मिक् उत्थान और पतन! जहाँ एक विश्वजनीन धर्म की उत्पत्ति की सूचना हुई, जहाँ उस धर्मान्धता के युग में एक छत के नीचे ईसाई, पारसी, जैन, इस्लाम और हिन्दू आदि धर्मों पर वाद-विवाद हो रहा था, जहाँ सन्त सलीम की समाधि थी, जहाँ शाह सलीम का जन्म हुआ था, वहीं अपनी अपूर्णता और खँडहरों में अस्त-व्यस्त सीकरी का महल अकबर के

जीवन-काल में ही, निर्वासिता सुन्दरी की तरह दया का पात्र, शृंगारविहीन और उजड़ा पड़ा था। अभी तक अकबर के शून्य शयन-मन्दिर में विक्रमादित्य के नवरत्नों का छायापूर्ण अभिनय चल रहा था। अभी तक सराय में कोई यात्री सन्त की समाधि का दर्शन करने को आता ही रहता! अभी तक बुर्जों के तहखानों में कैदियों का अभाव न था!

सीकरी की दशा देखकर सलीम का हृदय व्यथित हो उठा। अपूर्ण शिल्प बिलख रहे थे। गिरे हुए कँगूरे चरणों में लोट रहे थे। अपनी माता के महल में जाकर सलीम भरपेट रोया। वहाँ जो इने-गिने दास और दासियाँ और उनके दारोगे बच रहे थे, भिखमंगों की-सी दशा में फटे चीथड़ों में उसके सामने आये। सब समाधि के लंगरखाने से भोजन पाते थे। सलीम ने समाधि का दर्शन करके पहली आज्ञा दी कि तहखानों में जितने बन्दी हैं, सब छोड़ दिये जाएँ। सलीम को मालूम था कि यहाँ कोई राजनैतिक बन्दी नहीं हैं। दुर्गंध से सने हुए कितने ही नर-कंकाल संत सलीम की समाधि पर आकर प्रसन्नता से हिचकी लेने लगे और युवराज सलीम के चरणों को चूमने लगे।

उन्हीं में एक नूरी भी थी। उसका यौवन कारागार की कठिनाइयों से कुचल गया था। सौन्दर्य अपने दो-चार रेखा-चिह्न छोड़कर समय के पंखों पर बैठकर उड़ गया था।

सब लोगों को जीविका बँटने लगी। लंगरखाने का नया प्रबन्ध हुआ। उसमें से नूरी को सराय में आये हुए यात्रियों को भोजन देने का कार्य मिला।

वैशाख की चाँदनी थी। झील के किनारे मौलसिरी के नीचे कव्वालों का जमघट था। लोग मस्ती में झूम-झूमकर गा रहे थे।

—मैंने अपने प्रियतम को देखा था।

—वह सौन्दर्य, मदिरा की तरह नशीला, चाँदनी-सा उज्ज्वल, तरंगों-सा यौवनपूर्ण और अपनी हँसी-सा निर्मल था।

—किन्तु हलाहल भरी उसकी अपांगधारा! आह निर्दय!

—मरण और जीवन का रहस्य उन संकेतों में छिपा था।

—आज भी न जाने क्यों भूलने में असमर्थ हूँ।''

—कुंजों में फूलों के झुरमुट में तुम छिप सकोगे। तुम्हारा वह चिर विकासमय सौन्दर्य! वह दिगन्तव्यापी सौरभ! तुमको छिपने देगा?

—मेरी विकलता को देखकर प्रसन्न होने वाले! मैं बलिहारी!

नूरी वहीं खड़ी होकर सुन रही थी। वह कव्वालों के लिए भोजन लिवाकर आयी थी। गाढ़े का पायजामा और कुरता, उस पर गाढ़े की ओढ़नी। उदास और दयनीय मुख पर निरीहता की शान्ति! नूरी में विचित्र परिवर्तन था। उसका हृदय अपनी विवश पराधीनता भोगते-भोगते शीतल और भगवान् की करुणा का अवलम्बी बन गया था। जब सन्त सलीम की समाधि पर बैठकर भगवान् की प्रार्थना करती थी, तब उसके हृदय में किसी प्रकार की सांसारिक वासना या अभाव-अभियोग का योग न रहता।

आज न जाने क्यों, इस संगीत ने उसकी सोयी हुई मनोवृत्ति को जगा दिया। वही मौलसिरी का वृक्ष था। संगीत का वह अर्थ चाहे किसी अज्ञात लोक की परम सीमा तक पहुँचता हो; किन्तु आज तो नूरी अपने संकेतस्थल की वही घटना स्मरण कर रही थी, जिसमें एक सुन्दर युवक से अपने हृदय की बातों को खोल देने का रहस्य था।

वह काश्मीर का शाहजादा आज कहाँ होगा? नूरी ने चंचल होकर वहीं थालों को रखवा दिया और स्वयं धीरे-धीरे अपने उत्तेजित हृदय को दबाये हुए सन्त की समाधि की ओर चल पड़ी।

संगमरमर की जालियों से टिककर वह बैठ गयी। सामने चन्द्रमा की किरणों का समारोह था। वह ध्यान में निमग्न थी। उसकी निश्चल तन्मयता के सुख को नष्ट करते हुए किसी ने कहा—"नूरी! क्या अभी सराय में खाना न जाएगा?"

वह सावधान होकर उठ खड़ी हुई। लंगरखाने से रोटियों का थाल लेकर सराय की ओर चल पड़ी। सराय के फाटक पर पहुँचकर वह निराश्रित भूखों को खोज-खोजकर रोटियाँ देने लगी।

एक कोठरी के समीप पहुँचकर उसने देखा कि एक युवक टूटी हुई खाट पर पड़ा कराह रहा है। उसने पूछा—"क्या है भाई, तुम बीमार हो क्या? मैं तुम्हारे लिए कुछ कर सकती हूँ तो बताओ।"

"बहुत कुछ"—टूटे स्वर से युवक ने कहा।

नूरी भीतर चली गयी। उसने पूछा—"क्या है, कहिए?"

"पास में पैसा न होने से ये लोग मेरी खोज नहीं लेते। आज सवेरे से मैंने जल नहीं पिया। पैर इतने दुःख रहे हैं कि मैं उठ नहीं सकता।"

"कुछ खाया भी न होगा।"

"कल रात को यहाँ पहुँचने पर थोड़ा-सा खा लिया था। पैदल चलने से पैर सूज आये हैं। तब से यों-ही पड़ा हूँ।"

नूरी थाल रखकर बाहर चली गयी। पानी लेकर आयी। उसने कहा—"लो, अब उठकर कुछ रोटियाँ खाकर पानी पी लो।"

युवक उठ बैठा। कुछ अन्न-जल पेट में जाने के बाद जैसे उसे चेतना आ गयी। उसने पूछा—"तुम कौन हो?"

"मैं लंगरखाने से रोटियाँ बाँटती हूँ। मेरा नाम नूरी है। जब तक तुम्हारी पीड़ा अच्छी न होगी, मैं तुम्हारी सेवा करूँगी। रोटियाँ पहुँचाऊँगी। जल रख जाऊँगी। घबराओ नहीं। यह मालिक सबको देखता है।"

युवक की विवर्ण आँखें प्रार्थना में ऊपर की ओर उठ गयीं। फिर दीर्घ निःश्वास लेकर उसने पूछा—"क्या नाम बतलाया? नूरी न?"

"हाँ, यही तो!"

"अच्छा, तुम यहाँ महलों में जाती होगी।"

"महल! हाँ, महलों की दीवारें तो खड़ी हैं।"

"तब तुम नहीं जानती होगी। उसका भी नाम नूरी था! वह काश्मीर की रहने वाली थी।"

"उससे आपको क्या काम है?"—मन-ही-मन काँपकर नूरी ने पूछा।

"मिले तो कह देना कि एक अभागे ने तुम्हारे प्यार को ठुकरा दिया था। वह काश्मीर का शाहजादा था। पर अब तो भिखमंगे से भी..."— कहते-कहते उसकी आँखों से आँसू बहने लगे।

नूरी ने उसके आँसू पोंछकर पूछा—"क्या अब भी उससे मिलने का मन करता है?"

वह सिसककर कहने लगा—"मेरा नाम याकूब खाँ है। मैंने अकबर के सामने तलवार उठायी और लड़ा भी। जो कुछ मुझसे हो सकता था, वह काश्मीर के लिए मैंने किया। इसके बाद बिहार के भयानक तहखाने में बेड़ियों से जकड़ा हुआ कितने दिनों तक पड़ा रहा। सुना है कि सुल्तान सलीम ने वहाँ के अभागों को फिर से धूप देखने के लिए छोड़ दिया है। मैं वहीं से ठोकरें खाता हुआ चला आ रहा हूँ। हथकड़ियों से छूटने पर किसी अपने प्यार करने वाले को देखना चाहता था। इसी से सीकरी चला आया। देखता हूँ कि मुझे वह भी न मिलेगा।"

याकूब अपनी उखड़ी हुई साँसों को सँभालने लगा था और नूरी के मन में विगत काल की घटना, अपने प्रेम-समर्पण का उत्साह, फिर उस मनस्वी युवक की अवहेलना सजीव हो उठी।

आज जीवन का क्या रूप होता? आशा से भरी संसार-यात्रा किस सुन्दर विश्राम-भवन में पहुँचाती? अब तक संसार के कितने सुन्दर रहस्य फूलों की तरह अपनी पँखुड़ियाँ खोल चुके होते? अब प्रेम करने का दिन तो नहीं रहा। हृदय में इतना प्यार कहाँ रहा, जो दूँगी, जिससे यह ठूँठ हरा हो जाएगा। नहीं, नूरी ने मोह का जाल छिन्न कर दिया है। वह अब उसमें न पड़ेगी। तो भी इस दयनीय मनुष्य की सेवा; किन्तु यह क्या! याकूब हिचकियाँ ले रहा था। उसकी पुकार का सन्तोषजनक उत्तर नहीं मिला। निर्मम-हृदय नूरी ने विलम्ब कर दिया। वह विचार करने लगी थी और याकूब को इतना अवसर नहीं था!

नूरी उसका सिर हाथों पर लेकर उसे लिटाने लगी। साथ ही अभागे याकूब के खुले हुए प्यासे मुँह में, नूरी की आँखों से आँसू टपाटप गिरने लगे!

•

परिवर्तन

चन्द्रदेव ने एक दिन इस जनाकीर्ण संसार में अपने को अकस्मात् ही समाज के लिए अत्यन्त आवश्यक मनुष्य समझ लिया, और समाज भी उसकी आवश्यकता का अनुभव करने लगा। छोटे-से उपनगर में, प्रयाग विश्वविद्यालय से लौटकर, जब उसने अपनी ज्ञान-गरिमा का प्रभाव, वहाँ के सीधे-सादे निवासियों पर डाला, तो लोग आश्चर्यचकित होकर सम्भ्रम से उसकी ओर देखने लगे, जैसे कोई जौहरी हीरा-पन्ना परखता हो। उसकी थोड़ी-सी सम्पत्ति, बिसातखाने की दुकान और रुपयों का लेन-देन, और उसका शारीरिक गठन सौन्दर्य का सहायक बन गया था।

कुछ लोग तो आश्चर्य करते थे कि वह कहीं का जज और कलेक्टर न होकर यह छोटी-सी दुकानदारी क्यों चला रहा है, किन्तु बातों में चन्द्रदेव स्वतन्त्र व्यवसाय की प्रशंसा के पुल बाँध देता और नौकरी की नरक से उपमा दे देता, तब उसकी कर्त्तव्य-परायणता का वास्तविक मूल्य लोगों की समझ में आ जाता।

यह तो हुई बाहर की बात। भीतर अपने अन्तःकरण में चन्द्रदेव इस बात को अच्छी तरह तोल चुका था कि जज-कलेक्टर तो क्या, वह कहीं 'किरानी' होने की भी क्षमता नहीं रखता था। तब थोड़ा-सा विनय और त्याग का यश लेते हुए संसार के सहज-लब्ध सुख को वह क्यों छोड़ दे? अध्यापकों के रटे हुए व्याख्यान उसके कानों में अभी गूँज रहे थे। पवित्रता, मलिनता, पुण्य और पाप उसके लिए गम्भीर प्रश्न न थे। वह तर्कों के बल पर उनसे नित्य खिलवाड़ किया करता और भीतर घर में जो एक सुन्दरी स्त्री थी, उसके प्रति अपने सम्पूर्ण असन्तोष को दार्शनिक वातावरण में ढँककर निर्मल वैराग्य की, संसार से निर्लिप्त रहने की चर्चा भी उन भोले-भाले सहयोगियों में किया ही करता।

चन्द्रदेव की इस प्रकृति से ऊबकर उसकी पत्नी मालती प्रायः अपनी माँ

के पास अधिक रहने लगी; किन्तु जब लौटकर आती, तो गृहस्थी में उसी कृत्रिम वैराग्य का अभिनय उसे खला करता। चन्द्रदेव ग्यारह बजे तक दुकान का काम देखकर, गप लड़ाकर, उपदेश देकर और व्याख्यान सुनाकर जब घर में आता, तब एक बड़ी दयनीय परिस्थिति उत्पन्न होकर उस साधारणतः सजे हुए मालती के कमरे को और भी मलिन बना देती। फिर तो मालती मुँह ढँककर आँसू गिराने के अतिरिक्त और कर ही क्या सकती थी? यद्यपि चन्द्रदेव का बाह्य आचरण उसके चरित्र के सम्बन्ध में सशंक होने का किसी को अवसर नहीं देता था, तथापि मालती अपनी चादर से ढँके हुए अन्धकार में अपनी मौत की कल्पना करने के लिए स्वतन्त्र थी ही।

2

एक दिन चन्द्रदेव के पास बैठने वालों ने सुना कि वह कहीं बाहर जाने वाला है। दूसरे दिन चन्द्रदेव की स्त्री-भक्ति की चर्चा छिड़ी। सब लोग कहने लगे—''चन्द्रदेव कितना उदार, सहृदय व्यक्ति है। स्त्री के स्वास्थ्य के लिए कौन इतना रुपया खर्च करके पहाड़ पर जाता है। कम-से-कम...नगर में तो कोई भी नहीं।''

चन्द्रदेव ने बहुत गम्भीरता से मित्रों में कहा—''भाई, क्या करूँ, मालती को यह यक्ष्मा हो गया है, तब तो पहाड़ पर लिवा ले जाना अनिवार्य है। रुपया-पैसा तो आता-जाता रहेगा।'' सब लोगों ने इसका समर्थन किया।

चन्द्रदेव पहाड़ चलने को प्रस्तुत हुआ। विवश होकर मालती को भी जाना ही पड़ा। लोक-लाज भी तो कुछ है। और जब कि सम्मानपूर्वक पति अपना कर्तव्य पालन कर रहा हो तो स्त्री अस्वीकार कैसे कर सकती?

इस एकान्त में जब कि पति और पत्नी दोनों ही एक-दूसरे के सामने चौबीसों घण्टे रहने लगे, तब आवरण का व्यापार अधिक नहीं चल सकता था। बाध्य होकर चन्द्रदेव को सहायता-तत्पर बनना पड़ा। सहायता में तत्पर होना सामाजिक प्राणी का जन्म-सिद्ध स्वभाव, सम्भवतः मनुष्यता का पूर्ण निदर्शन है। परन्तु चन्द्रदेव के पास तो दूसरा उपाय ही नहीं था; इसलिए सहायता का बाह्य प्रदर्शन धीरे-धीरे वास्तविक होने लगा।

एक दिन मालती चीड़ के वृक्ष की छाया में बैठी हुई बादलों की दौड़-धूप देख रही थी और मन-ही-मन विचार कर रही थी चन्द्रदेव के सेवा-अभिनय पर। सहसा उसका जी भर आया। वह पहाड़ी रंगीन संध्या की तरह किसी मानसिक वेदना से लाल-पीली हो उठी। उसे अपने ऊपर क्रोध आया। उसी समय चन्द्रदेव ने जो उससे कुछ दूर बैठा था, पुकारकर कहा—"मालती, अब चलो न! थक गयी हो न!"

"वहीं सामने तो पहुँचना है, तुम्हें जल्दी हो तो चले जाओ, 'बूटी' को भेज दो, मैं उसके साथ चली आऊँगी।"

"अच्छा", कहकर चन्द्रदेव आज्ञाकारी अनुचर की तरह चला। वह तनिक भी विरोध करके अपने स्नेह-प्रदर्शन में कमी करना नहीं चाहता था। मालती अविचल बैठी रही। थोड़ी देर में बूटी आयी; परन्तु मालती को उसके आने में विलम्ब समझ पड़ा। वह इसके पहले भी पहुँच सकती थी। मालती के लिए पहाड़ी युवती बूटी, परिचारिका के रूप में रख ली गयी थी। यह नाटी-सी गोल-मटोल स्त्री गेंद की तरह उछलती चलती थी। बात-बात पर हँसती और फिर उस हँसी को छिपाने का प्रयत्न करती रहती। बूटी ने कहा—

"चलिए, अब तो किरणें डूब रही हैं, और मुझे भी काम निपटाकर छुट्टी पर जाना है।"

"छुट्टी!" आश्चर्य से झल्लाकर मालती ने कहा।

"हाँ, अब मैं काम न करूँगी!"

"क्यों? तुझे क्या हो गया बूटी!"

"मेरा ब्याह इसी महीने में हो जाएगा।"—कहते हुए उस स्वतन्त्र युवती ने हँस दिया। 'वन की हरिणी अपने आप जाल में फँसने क्यों जा रही है?' मालती को आश्चर्य हुआ। उसने चलते-चलते पूछा—"भला, तुझे दूल्हा कहाँ से मिल गया?"

"ओहो, तब आप क्या जानें कि हम लोगों के ब्याह की बात पक्की हुए आठ बरस हो गये? नीलधर चला गया था, लखनऊ कमाने, और मैंने भी हर साल यहीं नौकरी करके कुछ-न-कुछ यही पाँच सौ रुपये बचा लिए हैं। अब वह भी एक हजार और गहने लेकर परसों पहुँच जाएगा। फिर हम लोग ऊँचे पहाड़ पर अपने गाँव में चले जाएँगे। वहीं हम लोगों का घर बसेगा। खेती कर

लूँगी। बाल-बच्चों के लिए भी तो कुछ चाहिए। फिर चाहिए बुढ़ापे के लिए, जो इन पहाड़ों में कष्टपूर्ण जीवन-यात्रा के लिए अत्यन्त आवश्यक है।''

वह प्रसन्नता से बातें करती, उछलती हुई चली जा रही थी और मालती हाँफने लगी थी। मालती ने कहा—''तो क्यों दौड़ी जा रही है? अभी ही तेरा दूल्हा नहीं मिला जा रहा है।''

3

कमरे के दोनों ओर पलँग बिछे थे। मच्छरदानी में दो व्यक्ति सोने का अभिनय कर रहे थे। चन्द्रदेव सोच रहे थे—'यह बूटी! अपनी कमाई से घर बसाने जा रही है। कितना प्रगाढ़ प्रेम इन दोनों में होगा? और मालती! बिना कुछ हाथ-पैर हिलाये-डुलाये अपनी सम्पूर्ण शक्ति से निष्क्रिय प्रतिरोध करती हुई, सुखभोग करने पर भी असन्तुष्ट!' चन्द्रदेव था तार्किक। वह सोचने लगा, 'तब क्या मुझे इसे प्रसन्न करने की चेष्टा छोड़ देनी चाहिए? मरे चाहे जिये! मैंने क्या नहीं किया इसके लिए फिर भी भौंहें चढ़ी ही रहें, तो मैं क्या करूँ? मुझे क्या मिलता है इस हृदयहीन बोझ को ढोने से! बस, अब मैं घर चलूँगा। फिर—मालती के...बाद एक दूसरी स्त्री। अरे! वह कितनी आज्ञाकारिणी—किन्तु क्या यह मर जायगी! मनुष्य कितना स्वार्थी है। फिर मैं ही क्यों नहीं मर जाऊँ। किन्तु पहले कौन मरे? मेरे मर जाने पर वह जीती रहेगी। इसके लिए लोग कितने तरह के कलंक, कितनी बुराई की बातें सोचेंगे। और यही जाने क्या कर बैठे! तब इसे तो लज्जित होना ही पड़ेगा। मुझे भी स्वर्ग में कितना अपमान भोगना पड़ेगा! मालती के मरने पर लोकापवाद से मुक्त मैं दूसरा ब्याह करूँगा। और पतिव्रता मालती स्वर्ग में भी मेरी शुभकामना करेगी। तो फिर यही ठीक रहा। मान की रक्षा के लिए लोग कितने बड़े-बड़े बलिदान कर चुके हैं। क्या मैं उनका अनुकरण नहीं कर सकता! मालती सम्मान की वेदी पर बलि चढ़े। नहीं—पहले मरे—फिर देखा जायगा! राम की तरह एक-पत्नीव्रत कर सकूँगा, तो कर लूँगा, नहीं तो उँहूँ—'

चन्द्रदेव की खुली आँखों के सामने मच्छरदानी के जालीदार कपड़े पर एक चित्र खिंचा—एक युवती मुस्कराती हुई चाय की प्याली बढ़ा रही है। चन्द्रदेव ने न पीने की सूचना पहले ही दे दी थी। फिर भी उसके अनुनय में बड़ी तरावट थी। उस युवती के रोम-रोम कहते थे, 'ले लो!'

चन्द्रदेव यह स्वप्न देखकर निश्चिन्त सो गया। उसने अपने बनावटी उपचार का—सेवा-भाव का अन्त कर लिया था।

दूसरी मच्छरदानी में थकी हुई मालती थी। सोने के पहले उसे अपने ही ऊपर रोष आ गया था—'वह क्यों न ऐसी हुई कि चन्द्रदेव उसके चरणों में लोटता, उसके मान को, उसके प्रणयरोष को धीरे-धीरे सहलाया करता! तब क्या वैसी होने की चेष्टा करे; किन्तु अब करके क्या होगा? जब यौवन का उल्लास था, कुसुम में मकरन्द था, चाँदनी पर मेघ की छाया न थी, तब न कर सकी, तो अब क्या? बूटी साधारण मजूरी करके स्वस्थ, सुन्दर, आकर्षण और आदर की पात्र बन सकती है। उसका यौवन ढालवें पथ की ओर मुँह किये है, फिर भी उसमें कितना उल्लास है!

यह आत्म-विश्वास! यही तो जीवन है; किन्तु, क्या मैं पा सकती हूँ! क्या मेरे अंग फिर से गुदगुदे हो जाएँगे? लाली दौड़ आवेगी? हृदय में उच्छृंखल उल्लास, हँसी से भरा आनन्द नाचने लगेगा?' उसने एक बार अपने दुर्बल हाथों को उठाकर देखा कि चूड़ियाँ कलाई से बहुत नीचे खिसक आयी थीं। सहसा उसे स्मरण हुआ कि 'वह बूटी से अभी दो बरस छोटी है। दो बरस में वह स्वस्थ, सुन्दर, हृष्ट-पुष्ट और हँसमुख हो सकती है, होकर रहेगी। वह मरेगी नहीं। ना, कभी नहीं, चन्द्रदेव को दूसरे का न होने देगी।' विचार करते-करते फिर सो गयी।

सवेरे दोनों मच्छरदानियाँ उठीं। चन्द्रदेव ने मालती को देखा—वह प्रसन्न थी। उसके कपोलों का रंग बदल गया था। उसे भ्रम हुआ, 'क्या?' उसने आँखें मिचमिचाकर फिर देखा! इस क्रिया पर मालती हँस पड़ी। चन्द्रदेव झल्लाकर उठ बैठा। वह कहना चाहता था कि 'मैं चलना चाहता हूँ। रुपये का अभाव है! कब तक यहाँ पहाड़ पर पड़ा रहूँगा? तुम्हारा अच्छा होना असम्भव है। मजदूरनी भी छोड़कर चली गयी। और भी अनेक असुविधाएँ हैं। मैं तो चलूँगा!'

परन्तु वह कह न पाया। कुछ सोच रहा था। निष्ठुर प्रहार करने में हिचक रहा था। सहसा मालती पास चली आयी। मच्छरदानी उठाकर मुस्कराती हुई बोली—"चलो, घर चलें! अब तो मैं अच्छी हूँ?"

चन्द्रदेव ने आश्चर्य से देखा कि—मालती दुर्बल है—किन्तु रोग के लक्षण नहीं रहे। उसके अंग-अंग पर स्वाभाविक रंग प्रसन्नता बनकर खेल रहा था!

•

सन्देह

रामनिहाल अपना बिखरा हुआ सामान बाँधने लगा। जँगले से धूप आकर उसके छोटे-से शीशे पर तड़प रही थी। अपना उज्ज्वल आलोक-खण्ड, वह छोटा-सा दर्पण बुद्ध की सुन्दर प्रतिमा को अर्पण कर रहा था। किन्तु प्रतिमा ध्यानमग्न थी। उसकी आँखें धूप से चौंधियाती न थीं। प्रतिमा का शान्त गम्भीर मुख और भी प्रसन्न हो रहा था। किन्तु रामनिहाल उधर देखता न था। उसके हाथों में था एक कागजों का बण्डल, जिसे सन्दूक में रखने के पहले वह खोलना चाहता था। पढ़ने की इच्छा थी, फिर भी न जाने क्यों हिचक रहा था और अपने को मना कर रहा था, जैसे किसी भयानक वस्तु से बचने के लिए कोई बालक को रोकता हो।

बण्डल तो रख दिया पर दूसरा बड़ा-सा लिफाफा खोल ही डाला। एक चित्र उसके हाथों में था और आँखों में थे आँसू। कमरे में अब दो प्रतिमा थीं। बुद्धदेव अपनी विराग-महिमा में निमग्न। रामनिहाल रागशैल-सा अचल, जिसमें से हृदय का द्रव आँसुओं की निर्झरिणी बनकर धीरे-धीरे बह रहा था।

किशोरी ने आकर हल्ला मचा दिया—''भाभी, अरे भाभी! देखा नहीं तूने न! निहाल बाबू रो रहे हैं। अरे, तू चल भी!''

श्यामा वहाँ आकर खड़ी हो गयी। उसके आने पर भी रामनिहाल उसी भाव में विस्मृत-सा अपनी करुणा-धारा बहा रहा था। श्यामा ने कहा—''निहाल बाबू!''

निहाल ने आँखें खोलकर कहा—''क्या है?...अरे, मुझे क्षमा कीजिए।'' फिर आँसू पोंछने लगा।

''बात क्या है, कुछ सुनूँ भी। तुम क्यों जाने के समय ऐसे दुखी हो रहे हो? क्या हम लोगों से कुछ अपराध हुआ?''

''तुमसे अपराध होगा? यह क्या कह रही हो? मैं रोता हूँ, इसमें मेरी ही

भूल है। प्रायश्चित्त करने का यह ढंग ठीक नहीं, यह मैं धीरे-धीरे समझ रहा हूँ। किन्तु करूँ क्या? यह मन नहीं मानता।''

श्यामा जैसे सावधान हो गयी। उसने पीछे फिरकर देखा कि किशोरी खड़ी है। श्यामा ने कहा—''जा बेटी! कपड़े धूप में फैले हैं, वहीं बैठ।'' किशोरी चली गयी। अब जैसे सुनने के लिए प्रस्तुत होकर श्यामा एक चटाई खींचकर बैठ गयी। उसके सामने छोटी-सी बुद्धप्रतिमा सागवान की सुन्दर मेज पर धूप के प्रतिबिम्ब में हँस रही थी। रामनिहाल कहने लगा—

''श्यामा! तुम्हारा कठोर व्रत, वैधव्य का आदर्श देखकर मेरे हृदय में विश्वास हुआ कि मनुष्य अपनी वासनाओं का दमन कर सकता है। किन्तु तुम्हारा अवलम्ब बड़ा दृढ़ है। तुम्हारे सामने बालकों का झुण्ड हँसता, खेलता, लड़ता, झगड़ता है। और तुमने जैसे बहुत-सी देव-प्रतिमाएँ, शृंगार से सजाकर हृदय की कोठरी को मन्दिर बना दिया। किन्तु मुझको वह कहाँ मिलता। भारत के भिन्न-भिन्न प्रदेशों में, छोटा-मोटा व्यवसाय, नौकरी और पेट पालने की सुविधाओं को खोजता हुआ जब तुम्हारे घर में आया, तो मुझे विश्वास हुआ कि मैंने घर पाया। मैं जब से संसार को जानने लगा, तभी से मैं गृहहीन था। मेरा सन्दूक और ये थोड़े-से सामान, जो मेरे उत्तराधिकार का अंश था, अपनी पीठ पर लादे हुए घूमता रहा। ठीक उसी तरह, जैसे कंजर अपनी गृहस्थी टट्टू पर लादे हुए घूमता है।

मैं चतुर था, इतना चतुर जितना मनुष्य को न होना चाहिए; क्योंकि मुझे विश्वास हो गया है कि मनुष्य अधिक चतुर बनकर अपने को अभागा बना लेता है, और भगवान् की दया से वंचित हो जाता है।

मेरी महत्त्वाकांक्षा, मेरे उन्नतिशील विचार मुझे बराबर दौड़ाते रहे। मैं अपनी कुशलता से अपने भाग्य को धोखा देता रहा। यह भी मेरा पेट भर देता था। कभी-कभी मुझे ऐसा मालूम होता कि यह दाँव बैठा कि मैं अपने आप पर विजयी हुआ और मैं सुखी होकर, सन्तुष्ट होकर चैन से संसार के एक कोने में बैठ जाऊँगा; किन्तु वह मृग-मरीचिका थी।

मैं जिनके यहाँ नौकरी अब तक करता रहा, वे लोग बड़े ही सुशिक्षित और सज्जन हैं। मुझे मानते भी बहुत हैं। तुम्हारे यहाँ घर का-सा सुख है; किन्तु यह सब मुझे छोड़ना पड़ेगा ही।''—इतनी बात कहकर रामनिहाल चुप हो गया।

"तो तुम काम की एक बात न कहोगे। व्यर्थ ही इतनी..." श्यामा और कुछ कहना चाहती थी कि उसे रोककर रामनिहाल कहने लगा—"तुमको मैं अपना शुभचिन्तक, मित्र और रक्षक समझता हूँ, फिर तुमसे न कहूँगा, तो यह भार कब तक ढोता रहूँगा? लो सुनो! यह चैत है न, हाँ ठीक! कार्तिक की पूर्णिमा थी। मैं काम-काज से छुट्टी पाकर संध्या की शोभा देखने के लिए दशाश्वमेध घाट पर जाने के लिए तैयार था कि ब्रजकिशोर बाबू ने कहा—'तुम तो गंगा-किनारे टहलने जाते ही हो। आज मेरे एक सम्बन्धी आ गये हैं, इन्हें भी एक बजरे पर बैठाकर घुमाते आओ, मुझे आज छुट्टी नहीं है।'

मैंने स्वीकार कर लिया। ऑफिस में बैठा रहा। थोड़ी देर में भीतर से एक पुरुष के साथ एक सुन्दरी स्त्री निकली और मैं समझ गया कि मुझे इन्हीं लोगों के साथ जाना होगा। ब्रजकिशोर बाबू ने कहा—'मानमन्दिर घाट पर बजरा ठीक है। निहाल आपके साथ जा रहे हैं। कोई असुविधा न होगी। इस समय मुझे क्षमा कीजिए। आवश्यक काम है।'

पुरुष के मुँह पर की रेखाएँ कुछ तन गयीं। स्त्री ने कहा—'अच्छा है। आप अपना काम कीजिए। हम लोग तब तक घूम आते हैं।'

हम लोग मानमन्दिर पहुँचे। बजरे पर चाँदनी बिछी थी। पुरुष—'मोहब बाबू' जाकर ऊपर बैठ गये। पैड़ी लगी थी। मनोरमा को चढ़ने में जैसे डर लग रहा था। मैं बजरे के कोने पर खड़ा था। हाथ बढ़ाकर मैंने कहा, 'आप चली आइए, कोई डर नहीं।' उसने हाथ पकड़ लिया। ऊपर आते ही मेरे कान में धीरे से उसने कहा—'मेरे पति पागल बनाये जा रहे हैं। कुछ-कुछ हैं भी। तनिक सावधान रहिएगा। नाव की बात है।'

मैंने कह दिया—'कोई चिन्ता नहीं' किन्तु ऊपर जाकर बैठ जाने पर भी मेरे कानों के समीप उस सुन्दर मुख का सुरभित निःश्वास अपनी अनुभूति दे रहा था। मैंने मन को शान्त किया। चाँदनी निकल आयी थी। घाट पर आकाश-दीप जल रहे थे और गंगा की धारा में भी छोटे-छोटे दीपक बहते हुए दिखाई देते थे।

मोहन बाबू की बड़ी-बड़ी गोल आँखें और भी फैल गयीं। उन्होंने कहा—'मनोरमा, देखो, इस दीपदान का क्या अर्थ है, तुम समझती हो?'

'गंगाजी की पूजा, और क्या?'—मनोरमा ने कहा।

'यहीं तो मेरा और तुम्हारा मतभेद है। जीवन के लघु दीप को अनन्त की धारा में बहा देने का यह संकेत है। आह! कितनी सुन्दर कल्पना!'—कहकर मोहन बाबू जैसे उच्छ्वसित हो उठे। उनकी शारीरिक चेतना मानसिक अनुभूति से मिलकर उत्तेजित हो उठी। मनोरमा ने मेरे कानों में धीरे से कहा—'देखा न आपने!'

मैं चकित् हो रहा था। बजरा पंचगंगा घाट के समीप पहुँच गया था। तब हँसते हुए मनोरमा ने अपने पति से कहा—'और यह बाँसों में जो टँगे हुए दीपक हैं, उन्हें आप क्या कहेंगे?'

तुरन्त ही मोहन बाबू ने कहा—'आकाश भी असीम है न। जीवन-दीप को उसी ओर जाने के लिए यह भी संकेत है।' फिर हाँफते हुए उन्होंने कहना आरम्भ किया—'तुम लोगों ने मुझे पागल समझ लिया है, यह मैं जानता हूँ। ओह! संसार की विश्वासघात की ठोकरों ने मेरे हृदय को विक्षिप्त बना दिया है। मुझे उससे विमुख कर दिया है। किसी ने मेरे मानसिक विप्लवों में मुझे सहायता नहीं दी। मैं ही सबके लिए मरा करूँ। यह अब मैं नहीं सह सकता। मुझे अकपट प्यार की आवश्यकता है। जीवन में वह कभी नहीं मिला! तुमने भी मनोरमा! तुमने भी, मुझे—'

मनोरमा घबरा उठी थी। उसने कहा—'चुप रहिए, आपकी तबीयत बिगड़ रही है, शान्त हो जाइए!'

'क्यों शान्त हो जाऊँ? रामनिहाल को देखकर चुप रहूँ। वह जान जाएँ, इसमें मुझे कोई भय नहीं। तुम लोग छिपाकर सत्य को छलना क्यों बनाती हो?' मोहन बाबू के श्वासों की गति तीव्र हो उठी। मनोरमा ने हताश भाव से मेरी ओर देखा। वह चाँदनी रात में विशुद्ध प्रतिमा-सी निश्चेष्ट हो रही थी।

मैंने सावधान होकर कहा—'माँझी, अब घूम चलो।' कार्तिक की रात चाँदनी से शीतल हो चली थी। नाव मानमन्दिर की ओर घूम चली। मैं मोहन बाबू के मनोविकार के सम्बन्ध में सोच रहा था। कुछ देर चुप रहने के बाद मोहन बाबू फिर अपने आप कहने लगे—

'ओह! आप चुप न रहेंगे?' 'मैं कहती हूँ न! यह व्यर्थ का सन्देह आप मन से निकाल दीजिए या मेरे लिए संखिया मँगा दीजिए। छुट्टी हो।'

स्वस्थ होकर बड़ी कोमलता से मोहन बाबू कहने लगे—'तुम्हारा अपमान होता है! सबके सामने मुझे यह बातें न कहनी चाहिए। यह मेरा अपराध है। मुझे

क्षमा करो, मनोरमा!' सचमुच मनोरमा के कोमल चरण मोहन बाबू के हाथ में थे! वह पैर छुड़ाती हुई पीछे खिसकी। मेरे शरीर से उसका स्पर्श हो गया। वह क्षुब्ध और संकोच में ऊभ-चूभ रमणी जैसे किसी का आश्रय पाने के लिए व्याकुल हो गयी थी! मनोरमा ने दीनता से मेरी ओर देखते हुए कहा—'आप देखते हैं?'

सचमुच मैं देख रहा था। गंगा की घोर धारा पर बजरा फिसल रहा था। नक्षत्र बिखर रहे थे। और एक सुन्दरी युवती मेरा आश्रय खोज रही थी। अपनी सब लज्जा और अपमान लेकर वह दुर्वह सन्देह-भार से पीड़ित स्त्री जब कहती थी कि 'आप देखते हैं न', तब वह मानो मुझसे प्रार्थना करती थी कि कुछ मत देखो, मेरा व्यंग्य-उपहास देखने की वस्तु नहीं।

मैं चुप था। घाट पर बजरा लगा। फिर वह युवती मेरा हाथ पकड़कर पैड़ी पर से सम्हलती हुई उतरी। और मैंने एक बार न जाने क्यों धृष्टता से मन में सोचा कि 'मैं धन्य हूँ।' मोहन बाबू ऊपर चढ़ने लगे। मैं मनोरमा के पीछे-पीछे था। अपने पर भारी बोझ डालकर धीरे-धीरे सीढ़ियों पर चढ़ रहा था।

उसने धीरे से मुझसे कहा, 'रामनिहाल जी, मेरी विपत्ति में आप सहायता न कीजिएगा!' मैं अवाक् था।''

श्यामा ने एक बार गहरी दृष्टि से रामनिहाल को देखा। वह चुप हो गया। श्यामा ने आज्ञा भरे स्वर में कहा, ''आगे और भी कुछ है या बस?''

रामनिहाल ने सिर झुकाकर कहा, ''हाँ, और भी कुछ है।''

''वही कहो न !!''

''कहता हूँ। मुझे धीरे-धीरे मालूम हुआ कि ब्रजकिशोर बाबू यह चाहते हैं कि मोहनलाल अदालत से पागल मान लिए जाएँ और ब्रजकिशोर उनकी सम्पत्ति के प्रबन्धक बना दिये जायँ, क्योंकि वे ही मोहनलाल के निकट सम्बन्धी थे। भगवान् जाने इसमें क्या रहस्य है, किन्तु संसार तो दूसरे को मूर्ख बनाने के व्यवसाय पर चल रहा है। मोहन अपने सन्देह के कारण पूरा पागल बन गया है। तुम जो यह चिट्ठियों का बण्डल देख रही हो, वह मनोरमा का है।''

रामनिहाल फिर रुक गया। श्यामा ने फिर तीखी दृष्टि से उसकी ओर देखा। रामनिहाल कहने लगा, ''तुमको भी सन्देह हो रहा है। सो ठीक ही है। मुझे भी कुछ सन्देह हो रहा है, मनोरमा क्यों मुझे इस समय बुला रही है।''

अब श्यामा ने हँसकर कहा, ''तो क्या तुम समझते हो कि मनोरमा तुमको

प्यार करती है और वह दुश्चरित्रा है? छिः रामनिहाल, यह तुम क्यों सोच रहे हो? देखूँ तो, तुम्हारे हाथ में यह कौन-सा चित्र है, क्या मनोरमा का ही?" कहते-कहते श्यामा ने रामनिहाल के हाथ से चित्र ले लिया। उसने आश्चर्य-भरे स्वर में कहा, "अरे, यह तो मेरा ही है? तो क्या तुम मुझसे प्रेम करने का लड़कपन करते हो? यह अच्छी फाँसी लगी है तुमको। मनोरमा तुमको प्यार करती है और तुम मुझको। मन के विनोद के लिए तुमने अच्छा साधन जुटाया है। तभी कायरों की तरह यहाँ से बोरिया-बँधना लेकर भागने की तैयारी कर ली है।"

रामनिहाल हतबुद्धि अपराधी-सा श्यामा को देखने लगा। जैसे उसे कहीं भागने की राह न हो। श्यामा दृढ़ स्वर में कहने लगी–

"निहाल बाबू! प्यार करना बड़ा कठिन है। तुम इस खेल को नहीं जानते। इसके चक्कर में पड़ना भी मत। हाँ, एक दुखिया स्त्री तुमको अपनी सहायता के लिए बुला रही है। जाओ, उसकी सहायता करके लौट आओ। तुम्हारा सामान यहीं रहेगा। तुमको अभी यहाँ रहना होगा। समझे। अभी तुमको मेरी संरक्षता की आवश्यकता है। उठो। नहा-धो लो। जो ट्रेन मिले, उससे पटना जाकर ब्रजकिशोर की चालाकियों से मनोरमा की रक्षा करो। और फिर मेरे यहाँ चले आना। यह सब तुम्हारा भ्रम था। सन्देह था।"

रामनिहाल धीरे से उठकर नहाने चला गया।

•

भीख में

खपरैल दालान में, कम्बल पर मिन्ना के साथ बैठा हुआ ब्रजराज मन लगाकर बातें कर रहा था। सामने ताल में कमल खिल रहे थे। उस पर से भीनी-भीनी महक लिए हुए पवन धीरे-धीरे उस झोंपड़ी में आता और चला जाता था।

"माँ कहती थी..." मिन्ना ने कमल की केसरों को बिखराते हुए कहा।

"क्या कहती थीं?"

"बाबूजी परदेश जायेंगे। तेरे लिए नैपाली टट्टू लाएँगे।"

"तू घोड़े पर चढ़ेगा कि टट्टू पर! पागल कहीं का!"

"नहीं, मैं टट्टू पर चढ़ूँगा। वह गिराता नहीं।"

"तो फिर मैं नहीं जाऊँगा?"

"क्यों नहीं जाओगे? ऊँ-ऊँ-ऊँ, मैं अब रोता हूँ।"

"अच्छा, पहले यह बताओ कि जब तुम कमाने लगोगे, तो हमारे लिए क्या लाओगे?"

"खूब ढेर-सा रुपया"—कहकर मिन्ना ने अपना छोटा-सा हाथ जितना ऊँचा हो सकता था, उठा दिया।

"सब रुपया मुझको ही दोगे न!"

"नहीं, माँ को भी दूँगा।"

"मुझको कितना दोगे?"

"थैली-भर!"

"और माँ को?"

"वही बड़ी काठ वाली सन्दूक में जितना भरेगा।"

"तब फिर माँ से कहो; वही नैपाली टट्टू ला देगी।"

मिन्ना ने झुँझलाकर ब्रजराज को ही टट्टू बना लिया। उसी के कन्धों पर

चढ़कर अपनी साध मिटाने लगा। भीतर दरवाजे में से इन्दो झाँककर पिता-पुत्र का विनोद देख रही थी। उसने कहा—''मिन्ना! यह टट्टू बड़ा अड़ियल है।''

ब्रजराज को यह विसंवादी स्वर की-सी हँसी खटकने लगी। आज ही सवेरे इन्दो से कड़ी फटकार सुनी थी। इन्दो अपने गृहिणी-पद की मर्यादा के अनुसार जब दो-चार खरी-खोटी सुना देती, तो उसका मन विरक्ति से भर जाता। उसे मिन्ना के साथ खेलने में, झगड़ा करने में और सलाह करने में ही संसार की पूर्ण भावमयी उपस्थिति हो जाती। फिर कुछ और करने की आवश्यकता ही क्या है? यही बात उसकी समझ में नहीं आती। रोटी बिना भूखों मरने की सम्भावना न थी। किन्तु इन्दो को उतने ही से सन्तोष नहीं। इधर ब्रजराज को निठल्ले बैठे हुए मालो के साथ कभी-कभी चुहल करते देखकर तो वह और भी जल उठती। ब्रजराज यह सब समझता हुआ भी अनजान बन रहा था। उसे तो अपनी खपरैल में मिन्ना के साथ सन्तोष-ही-सन्तोष था; किन्तु आज वह न जाने क्यों भिन्ना उठा—

''मिन्ना! अड़ियल टट्टू भागते हैं, तो रुकते नहीं और राह-कुराह भी नहीं देखते। तेरी माँ अपने भीगे चने पर रौब गाँठती है। कहीं इस टट्टू को हरी-हरी दूब की चाट लगी, तो...।''

''नहीं मिन्ना! रूखी-सूखी पर निभा लेने वाले ऐसा नहीं कर सकते!''

''कर सकते हैं मिन्ना! कह दो, हाँ!''

मिन्ना घबरा उठा था। यह तो बातों का नया ढंग था। वह समझ न सका। उसने कह दिया—''हाँ, कर सकते हैं।''

''चल, देख लिया। ऐसे ही करने वाले!''—कहकर जोर से किवाड़ बन्द करती हुई इन्दो चली गयी। ब्रजराज के हृदय में विरक्ति चमकी। बिजली की तरह कौंध उठी घृणा। उसे अपने अस्तित्व पर सन्देह हुआ। वह पुरुष है या नहीं? इतना कशाघात! इतना सन्देह और चतुर संचालन! उसका मन घर से विद्रोही हो रहा था। आज तक बड़ी सावधानी से कुशल महाजन की तरह वह अपना सूद बढ़ाता रहा। कभी स्नेह का प्रतिदान लेकर उसने इन्दो को हल्का नहीं होने दिया था। इसी घड़ी सूद-दर-सूद लेने के लिए उसने अपनी विरक्ति की थैली का मुँह खोल दिया।

मिन्ना को एक बार गोद में चिपकाकर वह खड़ा हो गया। जब गाँव के

लोग हलों को कन्धे पर लिए घर लौट रहे थे, उसी समय ब्रजराज ने घर छोड़ने का निश्चय कर लिया।

जालन्धर से जो सड़क ज्वालामुखी को जाती है, उस पर इसी साल से एक सिख पेंशनर ने लारी चलाना आरम्भ किया। उसका ड्राइवर कलकत्ते से सीखा हुआ फुर्तीला आदमी है। सीधे-सादे देहाती उछल पड़े। जिनकी मनौती कई साल से रुकी थी, बैलगाड़ी की यात्रा के कारण जो अब तक टाल-मटोल करते थे, वे उत्साह से भरकर ज्वालामुखी के दर्शन के लिए प्रस्तुत होने लगे।

गोटेदार ओढ़नियों, अच्छी काट की शलवारों, किमखाब की झकाझक सदरियों की बहार, आये दिन उसकी लारी में दिखलाई पड़ती। किन्तु वह मशीन का प्रेमी ड्राइवर किसी ओर देखता नहीं। अपनी मोटर, उसका हॉर्न, ब्रेक और मडगार्ड पर उसका मन टिका रहता। चक्का हाथ में लिए हुए जब उस पहाड़ी-प्रान्त में वह अपनी लारी चलाता, तो अपनी धुन में मस्त किसी की ओर देखने का विचार भी न कर पाता। उसके सामान में एक बड़ा-सा कोट, एक कम्बल और एक लोटा। हाँ, बैठने की जगह में जो छिपा हुआ बक्स था, उसी में कुल रुपये-पैसे बचाकर वह फेंकता जाता। किसी पहाड़ी पर ऊँचे वृक्षों से लिपटी हुई जंगली गुलाब की लता को वह देखना नहीं चाहता। उसकी कोसों तक फैलने वाली सुगन्ध ब्रजराज के मन को मथ देती; परन्तु वह शीघ्र ही अपनी लारी में मन को उलझा देता और तब निर्विकार भाव से उस जनविरल प्रान्त में लारी की चाल तीव्र कर देता। इसी तरह कई बरस बीत गये।

बूढ़ा सिख उससे बहुत प्रसन्न रहता; क्योंकि ड्राइवर कभी बीड़ी-तम्बाखू नहीं पीता और किसी काम में व्यर्थ पैसा नहीं खर्च करता। उस दिन बादल उमड़ रहे थे। थोड़ी-थोड़ी झीसी पड़ रही थी। वह अपनी लारी दौड़ाए पहाड़ी प्रदेश के बीचोंबीच निर्जन सड़क पर चला जा रहा था, कहीं-कहीं दो-चार घरों के गाँव दिखाई पड़ते थे। आज उसकी लारी में भीड़ नहीं थी। सिख पेंशनर की जान-पहचान का एक परिवार उस दिन ज्वालामुखी का दर्शन करने जा रहा था। उन लोगों ने पूरी लारी भाड़े पर कर ली थी, किन्तु अभी तक उसे यह जानने की आवश्यकता न हुई थी कि उसमें कितने आदमी थे। उसे इंजिन में पानी की कमी मालूम हुई कि लारी रोक दी गयी। ब्रजराज बाल्टी लेकर पानी लाने गया। उसे पानी लाते देखकर लारी के यात्रियों को भी प्यास लग गयी। सिख ने कहा—

"ब्रजराज! इन लोगों को भी थोड़ा पानी दे देना।"

जब बाल्टी लिए हुए वह यात्रियों की ओर गया, तो उसको भ्रम हुआ कि जो सुन्दरी स्त्री पानी के लिए लोटा बढ़ा रही है, वह कुछ पहचानी-सी है। उसने लोटे में पानी उँड़ेलते हुए अन्यमनस्क की तरह कुछ जल गिरा भी दिया, जिससे स्त्री की ओढ़नी का कुछ अंश भींग गया। यात्री ने झिड़ककर कहा—

"भाई, जरा देखकर।"

किन्तु वह स्त्री भी उसे कनखियों से देख रही थी। 'ब्रजराज!' शब्द उसके भी कानों में गूँज उठा था। ब्रजराज अपनी सीट पर जा बैठा।

बूढ़े सिख और यात्री दोनों को ही उसका यह व्यवहार अशिष्ट-सा मालूम हुआ; पर कोई कुछ बोला नहीं। लारी चलने लगी। काँगड़ा की तराई का यह पहाड़ी दृश्य, चित्रपटों की तरह क्षण-क्षण पर बदल रहा था। उधर ब्रजराज की आँखें कुछ दूसरे ही दृश्य देख रही थीं।

गाँव का वह ताल, जिसमें कमल खिल रहे थे, मिन्ना के निर्मल प्यार की तरह तरंगायित हो रहा था। और उस प्यार में विश्राम की लालसा, बीच-बीच में उसे देखते ही, मालती का पैर के अँगूठों के चाँदी के मोटे छल्लों को खटखटाना, सहसा उसकी स्त्री का सन्दिग्ध भाव से उसको बाहर भेजने की प्रेरणा, साधारण जीवन में बालक के प्यार से जो सुख और सन्तोष उसे मिल रहा था, वह भी छिन गया; क्यों सन्देह न हो! इन्दो को विश्वास हो चला था कि ब्रजराज मालो को प्यार करता है। और गाँव में एक ही सुन्दरी, चंचल, हँसमुख और मनचली भी थी, उसका ब्याह नहीं हुआ था। हाँ, वही तो मालो?—और यह ओढ़नी वाली! ऐं, पंजाब में? असम्भव! नहीं तो—वही है—ठीक-ठीक वही है। वह चक्का पकड़े हुए पीछे घूमकर अपनी स्मृतिधारा पर विश्वास कर लेना चाहता था। ओह! कितनी भूली हुई बातें इस मुख ने स्मरण दिला दीं। वही तो—वह अपने को न रोक सका। पीछे घूम ही पड़ा और देखने लगा।

लारी टकरा गई एक वृक्ष से। कुछ अधिक हानि न होने पर भी, किसी को कहीं चोट न लगने पर भी सिख झल्ला उठा। ब्रजराज भी फिर लारी पर न चढ़ा। किसी को किसी से सहानुभूति नहीं। तनिक-सी भूल भी कोई सह नहीं सकता, यही न! ब्रजराज ने सोचा कि मैं ही क्यों न रूठ जाऊँ? उसने नौकरी को नमस्कार किया।

ब्रजराज को वैराग्य हो गया हो, सो तो बात नहीं। हाँ, उसे गार्हस्थ्य-जीवन के सुख के आरम्भ में ही ठोकर लगी। उसकी सीधी-सादी गृहस्थी में कोई विशेष आनन्द न था। केवल मिन्ना की अटपटी बातों से और राह चलते-चलते कभी-कभी मालती की चुहल से, हल्के शरबत में, दो बूँद हरे नींबू के रस की-सी सुगन्ध तरावट में मिल जाती थी।

वह सब गया, इधर कलकत्ते के कोलाहल में रहकर उसने ड्राइवरी सीखी। पहाड़ियों की गोद में उसे एक प्रकार की शान्ति मिली। दो-चार घरों के छोटे-छोटे-से गाँवों को देखकर उसके मन में विरागपूर्ण दुलार होता था। वह अपनी लारी पर बैठा हुआ उपेक्षा से एक दृष्टि डालता हुआ निकल जाता। तब वह अपने गाँव पर मानो प्रत्यक्ष रूप से प्रतिशोध ले लेता; किन्तु नौकरी छोड़कर वह क्या जाने कैसे हो गया। ज्वालामुखी के समीप ही पंडों की बस्ती में जाकर रहने लगा।

पास में कुछ रुपये बचे थे। उन्हें वह धीरे-धीरे खर्च करने लगा। उधर उसके मन का निश्चिन्त भाव और शरीर का बल धीरे-धीरे क्षीण होने लगा। कोई कहता, तो उसका काम कर देता; पर उसके बदले पैसा न लेता। लोग कहते—बड़ा भलामानुस है। उससे बहुत-से लोगों की मित्रता हो गयी। उसका दिन ढलने लगा। वह घर की कभी चिन्ता न करता। हाँ, भूलने का प्रयत्न करता; किन्तु मिन्ना? फिर सोचता, 'अब बड़ा हो गया होगा ही, जिसने मुझे काम करने के लिए परदेश भेज दिया, वह मिन्ना को ठीक कर लेगी। खेती-बारी से काम चल ही जाएगा। मैं ही गृहस्थी में अतिरिक्त व्यक्ति था और मालती! न, न! पहले उसके कारण संदिग्ध बनकर मुझे घर छोड़ना पड़ा। उसी का फिर से स्मरण करते ही मैं नौकरी से छुड़ाया गया। कहाँ से उस दिन मुझे फिर उसका सन्देह हुआ। वह पंजाब में कहाँ आती! उसका नाम भी न लूँ!'

'इन्दो तो मुझे परदेश भेजकर सुख से नींद लेगी ही।'

पर यह नशा दो ही तीन बरसों में उखड़ गया। इस अर्थयुग में सब सम्बल जिसका है, वही उठ्ठी बोल गया। आज ब्रजराज अकिंचन कंगाल था। आज ही से उसे भीख माँगना चाहिए। नौकरी न करेगा, हाँ भीख माँग लेगा। किसी का काम कर देगा, तो वह देगा, वही अपनी भीख। उसकी मानसिक धारा इसी तरह चल रही थी।

वह सवेरे ही आज मन्दिर के समीप ही जा बैठा। आज उसके हृदय से भी वैसी ही एक ज्वाला भक् से निकलकर बुझ जाती और कभी विलम्ब तक लपलपाती रहती है; किन्तु कभी उसकी ओर कोई नहीं देखता और उधर तो यात्रियों के झुण्ड जा रहे थे।

चैत्र का महीना था। आज बहुत-से यात्री आये थे। उसने भी भीख के लिए हाथ फैलाया। एक सज्जन गोद में छोटा-सा बालक लिए आगे बढ़ गये, पीछे एक सुन्दरी अपनी ओढ़नी सम्हालती हुई क्षण-भर के लिए रुक गयी थी। स्त्रियाँ स्वभाव की कोमल होती हैं। पहली ही बार पसारा हुआ हाथ खाली न रह जाय, इसी से ब्रजराज ने सुन्दरी से याचना की।

वह खड़ी हो गयी। उसने पूछा—"क्या तुम अब लारी नहीं चलाते?"

'अरे, वही तो ठीक मालती का-सा स्वर!'

हाथ बटोरकर ब्रजराज ने कहा—"कौन, मालो?"

"तो यह तुम्हीं हो, ब्रजराज!"

"हाँ तो"—कहकर ब्रजराज ने एक लम्बी साँस ली।

मालती खड़ी रही। उसने कहा—"भीख माँगते हो?"

"हाँ, पहले मैं सुख का भिखारी था। थोड़ा-सा मिन्ना का स्नेह, इन्दो का प्रणय, दस-पाँच बीघों की कामचलाऊ उपज और कहे जाने वाले मित्रों की चिकनी-चुपड़ी बातों से सन्तोष की भीख माँगकर अपने चिथड़ों में बाँधकर मैं सुखी बन रहा था। कंगाल की तरह जन-कोलाहल से दूर एक कोने में उसे अपनी छाती से लगाये पड़ा था; किन्तु तुमने बीच में थोड़ा-सा प्रसन्न-विनोद मेरे ऊपर ढाल दिया, वही तो मेरे लिए..."

"ओहो, पागल इन्दो! मुझ पर सन्देह करने लगी। तुम्हारे चले जाने पर मुझसे कई बार लड़ी भी। मैं तो अब यहाँ आ गयी हूँ।"—कहते-कहते वह भय से आगे चले जाने वाले सज्जन को देखने लगी।

"तो, वह तुम्हारा ही बच्चा है न! अच्छा-अच्छा!" 'हूँ' कहती हुई मालो ने कुछ निकाला उसे देने के लिए। ब्रजराज ने कहा—"मालो! तुम जाओ। देखो, वह तुम्हारे पति आ रहे हैं!" बच्चे को गोद में लिए हुए मालो के पंजाबी पति लौट आये। मालती उस समय अन्यमनस्क, क्षुब्ध और चंचल हो रही थी। उसके मुँह पर क्षोभ, भय और कुतूहल से मिली हुई करुणा थी। पति ने डाँटकर पूछा—"क्यों, वह भिखमंगा तंग कर रहा था?"

पंडा जी की ओर घूमकर मालो के पति ने कहा—''ऐसे उचक्कों को आप लोग मन्दिर के पास बैठने देते हैं!''

धनी जजमान का अपमान भला वह पंडा कैसे सहता! उसने ब्रजराज का हाथ पकड़कर घसीटते हुए कहा—

''उठ बे, यहाँ फिर दिखाई पड़ा, तो तेरी टाँग ही लँगड़ी कर दूँगा!''

बेचारा ब्रजराज यहाँ धक्के खाकर सोचने लगा—'फिर मालती! क्या सचमुच मैंने कभी उससे कुछ...और मेरा दुर्भाग्य! यही तो आज तक अयाचित भाव से वह देती आयी है। आज उसने पहले दिन भीख में भी वही दिया।'

•

चित्र वाले पत्थर

मैं 'संगमहाल' का कर्मचारी था। उन दिनों मुझे विन्ध्य शैल-माला के एक उजाड़ स्थान में सरकारी काम से जाना पड़ा। भयानक वन-खण्ड के बीच, पहाड़ी से हटकर एक छोटी-सी डाक बँगलिया थी। मैं उसी में ठहरा था। वहीं की एक पहाड़ी में एक प्रकार का रंगीन पत्थर निकला था। मैं उनकी जाँच करने और तब तक पत्थर की कटाई बन्द करने के लिए वहाँ गया था। उस झाड़-खण्ड में छोटी-सी सन्दूक की तरह मनुष्य-जीवन की रक्षा के लिए बनी हुई बँगलिया मुझे विलक्षण मालूम हुई; क्योंकि वहाँ पर प्रकृति की निर्जन शून्यता, पथरीली चट्टानों से टकराती हुई हवा के झोंके के दीर्घ निःश्वास, उस रात्रि में मुझे सोने न देते थे। मैं छोटी-सी खिड़की से सिर निकालकर जब कभी उस सृष्टि के खँडहर को देखने लगता, तो भय और उद्वेग मेरे मन पर इतना बोझ डालते कि मैं कहानियों में पढ़ी हुई अतिरंजित घटनाओं की सम्भावना से ठीक संकुचित होकर भीतर अपने तकिये पर पड़ा रहता था। अन्तरिक्ष के गह्वर में न जाने कितनी ही आश्चर्यजनक लीलाएँ करके मानवी आत्माओं ने अपना निवास बना लिया है। मैं कभी-कभी आवेश में सोचता कि भत्ते के लोभ से मैं ही क्यों चला आया? क्या वैसी ही कोई अद्‌भुत घटना होने वाली है? मैं फिर जब अपने साथी नौकर की ओर देखता, तो मुझे साहस हो जाता और क्षण-भर के लिए स्वस्थ होकर नींद को बुलाने लगता; किन्तु कहाँ, वह तो सपना हो रही थी।

रात कट गयी। मुझे कुछ झपकी आने लगी। किसी ने बाहर से खटखटाया और मैं घबरा उठा। खिड़की खुली हुई थी। पूरब की पहाड़ी के ऊपर आकाश में लाली फैल रही थी। मैं निडर होकर बोला—"कौन है? इधर खिड़की के पास आओ।"

जो व्यक्ति मेरे पास आया, उसे देखकर मैं दंग रह गया। कभी वह सुन्दर रहा होगा; किन्तु आज तो उसके अंग-अंग से, मुँह की एक-एक रेखा से उदासीनता और कुरूपता टपक रही थी। आँखें गड्ढे में जलते हुए अँगारे की तरह धक्-धक् कर रही थीं। उसने कहा–''मुझे कुछ खिलाओ।''

मैंने मन-ही-मन सोचा कि यह आपत्ति कहाँ से आयी! वह भी रात बीत जाने पर! मैंने कहा–''भले आदमी! तुमको इतने सवेरे भूख लग गयी?''

उसकी दाढ़ी और मूँछों के भीतर छिपी हुई दाँतों की पंक्ति रगड़ उठी। वह हँसी थी या थी किसी कोने की मर्मांतक पीड़ा की अभिव्यक्ति, कह नहीं सकता। वह कहने लगा–''व्यवहार-कुशल मनुष्य, संसार के भाग्य से उसकी रक्षा के लिए, बहुत थोड़े-से उत्पन्न होते हैं। वे भूखे पर सन्देह करते हैं। एक पैसा देने के साथ नौकर से कह देते हैं, देखो इसे चना दिला देना। वह समझते हैं, एक पैसे की मलाई से पेट न भरेगा। तुम ऐसे ही व्यवहार-कुशल मनुष्य हो। जानते हो कि भूखे को कब भूख लगनी चाहिए। जब तुम्हारी मनुष्यता स्वाँग बनाती है, तो अपने पशु पर देवता की खाल चढ़ा देती है, और स्वयं दूर खड़ी हो जाती है।'' मैंने सोचा कि यह दार्शनिक भिखमंगा है। और कहा–''अच्छा, बाहर बैठो।''

बहुत शीघ्रता करने पर भी नौकर के उठने और उसके लिए भोजन बनाने में घंटों लग गये। जब मैं नहा-धोकर पूजा-पाठ से निवृत्त होकर लौटा, तो वह मनुष्य एकान्त मन से अपने खाने पर जुटा हुआ था। अब मैं उसकी प्रतीक्षा करने लगा। वह भोजन समाप्त करके जब मेरे पास आया, तो मैंने पूछा–''तुम यहाँ क्या कर रहे थे?'' उसने स्थिर दृष्टि से एक बार मेरी ओर देखकर पूछा–''बस, इतना ही पूछिएगा या और भी कुछ?'' मुझे हँसी आ गयी। मैंने कहा–''मुझे अभी दो घंटे का अवसर है। तुम जो कुछ कहना चाहो, कहो।''

वह कहने लगा–

''मेरे जीवन में उस दिन अनुभूतिमयी सरलता का संचार हुआ, मेरी छाती के कुसुमाकर की वनस्थली अंकुरित, पल्लवित, कुसुमित होकर सौरभ का प्रचार करने लगी। ब्याह के निमन्त्रण में मैंने देखा उसे, जिसे देखने के लिए ही मेरा जन्म हुआ था। वह थी मंगला की यौवनमयी उषा। सारा संसार उन कपोलों की अरुणिमा की गुलाबी छटा के नीचे मधुर विश्राम करने लगा। वह मादकता विलक्षण थी। मंगला के अंग-कुसुम से मकरन्द छलका पड़ता था। मेरी धवल आँखें उसे देखकर ही गुलाबी होने लगीं।

ब्याह की भीड़भाड़ में इस ओर ध्यान देने की किसको आवश्यकता थी, किन्तु हम दोनों को भी दूसरी ओर देखने का अवकाश नहीं था। सामना हुआ और एक घूँट। आँखें चढ़ जाती थीं। अधर मुस्कराकर खिल जाते और हृदय-पिण्ड पारद के समान, वसन्त-कालीन चल-दल-किसलय की तरह काँप उठता।

देखते-ही-देखते उत्सव समाप्त हो गया। सब लोग अपने-अपने घर चलने की तैयारी करने लगे; परन्तु मेरा पैर तो उठता ही न था। मैं अपनी गठरी जितनी ही बाँधता, वह खुल जाती। मालूम होता था कि कुछ छूट गया है। मंगला ने पूछा—'मुरली, तुम भी जाते हो?'

'जाऊँगा ही तो भी तुम जैसा कहो।'

'अच्छा, तो फिर कितने दिनों में आओगे?'

'यह तो भाग्य जाने!'

'अच्छी बात है'—वह जाड़े की रात के समान ठण्डे स्वर में बोली। मेरे मन को ठेस लगी। मैंने भी सोचा कि फिर यहाँ क्यों ठहरूँ? चल देने का निश्चय किया। फिर भी रात तो बितानी ही पड़ी। जाते हुए अतिथि को थोड़ा और ठहरने के लिए कहने से कोई भी चतुर गृहस्थ नहीं चूकता। मंगला की माँ ने कहा और मैं रात भर ठहर गया; पर जागकर रात बीती। मंगला ने चलने के समय कहा—'अच्छा तो—' इसके बाद नमस्कार के लिए दोनों सुन्दर हाथ जुड़ गये। चिढ़कर मन-ही-मन मैंने कहा—यही अच्छा है, तो बुरा ही क्या है? मैं चल पड़ा। कहाँ—घर नहीं! कहीं और!—मेरी कोई खोज लेने वाला न था।

मैं चला जा रहा था। कहाँ जाने के लिए, यह न बताऊँगा। वहाँ पहुँचने पर संध्या हो गयी। चारों ओर वनस्थली साँय-साँय करने लगी। थका भी था, रात को पाला पड़ने की सम्भावना थी। किस छाया में बैठता? सोच-विचार कर मैं सूखी झलासियों से झोंपड़ी बनाने लगा। लतरों को काटकर उस पर छाजन हुई। रात का बहुत-सा अंश बीत चुका था। परिश्रम की तुलना में विश्राम कहाँ मिला! प्रभात होने पर आगे बढ़ने की इच्छा न हुई। झोंपड़ी की अधूरी रचना ने मुझे रोक लिया। जंगल तो था ही। लकड़ियों की कमी न थी। पास ही नाले की मिट्टी भी चिकनी थी। आगे बढ़कर नदी-तट से मुझे नाला ही अच्छा लगा। दूसरे दिन से झोंपड़ी उजाड़कर अच्छी-सी कोठरी बनाने की धुन लगी। अहेर से पेट भरता और घर बनाता। कुछ ही दिनों में वह बन गया। जब घर बन चुका,

तो मेरा मन उचटने लगा। घर की ममता और उसके प्रति छिपा हुआ अविश्वास दोनों का युद्ध मन में हुआ। मैं जाने की बात सोचता, फिर ममता कहती कि विश्राम करो। अपना परिश्रम था, छोड़ न सका। इसका और भी कारण था। समीप ही सफेद चट्टानों पर जलधारा के लहरीले प्रवाह में कितना संगीत था! चाँदनी में वह कितना सुन्दर हो जाता है! जैसे इस पृथ्वी का छाया-पथ। मेरी उस झोंपड़ी से उसका सब रूप दिखाई पड़ता था न! मैं उसे देखकर सन्तोष का जीवन बिताने लगा। वह मेरे जीवन के सब रहस्यों की प्रतिमा थी। कभी उसे मैं आँसू की धारा समझता, जिसे निराश प्रेमी अपने आराध्य की कठोर छाती पर व्यर्थ ढुलकाता हो। कभी उसे अपने जीवन की तरह निर्मम संसार की कठोरता पर छटपटाते हुए देखता। दूसरे का दुःख देखकर मनुष्य को सन्तोष होता ही है। मैं भी वहीं पड़ा जीवन बिताने लगा।

कभी सोचता कि मैं क्यों पागल हो गया! उस स्त्री के सौन्दर्य ने क्यों अपना प्रभाव मेरे हृदय पर जमा लिया? विधवा मंगला, वह गरल है या अमृत? अमृत है तो उसमें इतनी ज्वाला क्यों है, ज्वाला है तो मैं जल क्यों नहीं हो गया? यौवन का विनोद! सौन्दर्य की भ्रान्ति! वह क्या है? मेरा यही स्वाध्याय हो गया।

शरद की पूर्णिमा में बहुत-से लोग उस सुन्दर दृश्य को देखने के लिए दूर-दूर से आते। युवती और युवकों के रहस्यालाप करते हुए जोड़े, मित्रों की मंडलियाँ, परिवारों का दल, उनके आनन्द-कोलाहल को मैं उदास होकर देखता। डाह होती, जलन होती। तृष्णा जग जाती। मैं उस रमणीय दृश्य का उपभोग न करके पलकों को दबा लेता। कानों को बन्द कर लेता; क्यों? मंगला नहीं। और क्या एक दिन के लिए, एक क्षण के लिए मैं उस सुख का अधिकारी नहीं! विधाता का अभिशाप! मैं सोचता—अच्छा, दूसरों के ही साथ अभी वह शरद्-पूर्णिमा के दृश्य को देखने के लिए क्यों नहीं आयी? क्या वह जानती है कि मैं यहीं हूँ? मैंने भी पूर्णिमा के दिन यहाँ जाना छोड़ दिया। और लोग जब वहाँ जाते, मैं न जाता। मैं रूठता था। यह मूर्खता थी मेरी! वहाँ किससे मना करता था मैं? उस दिन मैं नदी की ओर न जाने क्यों आकृष्ट हुआ।

मेरी नींद खुल गयी थी। चाँदनी रात का सवेरा था। अभी चन्द्रमा में फीका प्रकाश था। मैं वनस्थली की रहस्यमयी छाया को देखता हुआ नाले के किनारे-किनारे चलने लगा। नदी के संगम पर पहुँचकर सहसा एक जगह रुक

गया। देखा कि वहाँ पर एक स्त्री और पुरुष शिला पर सो रहे हैं। वहाँ तक तो घूमने वाले आते नहीं। मुझे कुतूहल हुआ। मैं वहीं स्नान करने के बहाने रुक गया। आलोक की किरणों से आँखें खुल गयीं। स्त्री ने गर्दन घुमाकर धारा की ओर देखा। मैं सन्न रह गया। उसकी धोती साधारण और मैली थी। सिराहने एक छोटी-सी पोटली थी। पुरुष अभी सो रहा था। मेरी-उसकी आँखें मिल गयीं। मैंने तो पहचान लिया कि वह मंगला थी। और उसने—नहीं, उसे भ्रान्ति बनी रही। वह सिमटकर बैठ गयी। और मैं उसे जानकर भी अनजान बनते हुए देखकर मन-ही-मन कुढ़ गया। मैं धीरे-धीरे ऊपर चढ़ने लगा।

'सुनिए तो!' मैंने घूमकर देखा कि मंगला पुकार रही है। वह पुरुष भी उठ बैठा है। मैं वहीं खड़ा रह गया। कुछ बोलने पर भी मैं प्रश्न की प्रतीक्षा में यथास्थित रह गया। मंगला ने कहा—'महाशय, कहीं रहने की जगह मिलेगी?'

'महाशय!' ऐं! तो सचमुच मंगला ने मुझे नहीं पहचाना क्या? चलो अच्छा हुआ, मेरा चित्र भी बदल गया था। एकान्तवास करते हुए और कठोर जीवन बिताते हुए जो रेखाएँ बन गयी थीं, वह मेरे मनोनुकूल ही हुईं। मन में क्रोध उमड़ रहा था, गला भर्राने लगा था। मैंने कहा—'जंगलों में क्या आप कोई धर्मशाला खोज रही हैं?' वह कठोर व्यंग्य था। मंगला ने घायल होकर कहा—'नहीं, कोई गुफा—कोई झोंपड़ी महाशय, धर्मशाला खोजने के लिए जंगल में क्यों आती?'

पुरुष कुछ कठोरता से सजग हो रहा था; किन्तु मैंने उसकी ओर न देखते हुए कहा—'झोंपड़ी तो मेरी है। यदि विश्राम करना हो तो वहीं थोड़ी देर के लिए जगह मिल जाएगी।'

'थोड़ी देर के लिए सही। मंगला, उठो? क्या सोच रही हो? देखा, रात भर यहाँ पड़े-पड़े मेरी सब नसें अकड़ गयी हैं।' पुरुष ने कहा। मैंने देखा कि वह कोई सुखी परिवार के प्यार में पला युवक है; परन्तु उसका रंग-रूप नष्ट हो गया है। कष्टों के कारण उसमें एक कटुता आ गयी है। मैंने कहा—'तो फिर चलो, भाई!'

दोनों मेरे पीछे-पीछे चलकर झोंपड़ी में पहुँचे।

मंगला मुझे पहचान सकी कि नहीं, कह नहीं सकता। कितने बरस बीत गये। चार-पाँच दिनों की देखा-देखी। सम्भवतः मेरा चित्र उसकी आँखों में उतरते-उतरते किसी और छवि ने अपना आसन जमा लिया हो; किन्तु मैं कैसे भूल सकता

था! घर पर और कोई था ही नहीं। जीवन जब किसी स्नेह-छाया की खोज में आगे बढ़ा, तो मंगला का हरा-भरा यौवन और सौन्दर्य दिखाई पड़ा। वहीं रम गया। मैं भावना के अतिवाद में पड़कर निराश व्यक्ति-सा वैरागी बन गया था, उसी के लिए। यह मेरी भूल हो; पर मैं तो उसे स्वीकार कर चुका था।

हाँ, तो वह बाल-विधवा मंगला ही थी। और पुरुष! वह कौन है? यही मैं सोचता हुआ झोंपड़ी के बाहर साखू की छाया में बैठा हुआ था। झोंपड़ी में दोनों विश्राम कर रहे थे। उन लोगों ने नहा-धोकर कुछ जल पीकर सोना प्रारम्भ किया। सोने की होड़ लग रही थी। वे इतने थके थे कि दिन-भर उठने का नाम नहीं लिया। मैं दूसरे दिन का धरा हुआ नमक लगा माँस का टुकड़ा निकालकर आग पर सेकने की तैयारी में लगा क्योंकि अब दिन ढल रहा था। मैं अपने तीर से आज एक पक्षी मार सका था। सोचा कि ये लोग भी कुछ माँग बैठें तब क्या दूँगा? मन में तो रोष की मात्रा कुछ न थी, फिर भी वह मंगला थी न!

कभी जो भूले-भटके पथिक उधर से आ निकलते, उनसे नमक और आटा मिल जाता था। मेरी झोंपड़ी में रात बिताने का किराया देकर लोग जाते। मुझे भी लालच लगा था! अच्छा, जाने दीजिए। वहाँ उस दिन जो कुछ बचा था, वह सब लेकर बैठा मैं भोजन बनाने।

मैं अपने पर झुँझलाता भी था और उन लोगों के लिए भोजन भी बनाता जाता था। विरोध के सहस्र फणों की छाया में न जाने दुलार कब से सो रहा था! वह जग पड़ा।

जब सूर्य उन धवल शिलाओं पर बहती हुई जल-धारा को लाल बनाने लगा था, तब उन लोगों की आँखें खुलीं। मंगला ने मेरी सुलगायी हुई आग की शिखा को देखकर कहा—'आप क्या बना रहे हैं, भोजन! तो क्या यहाँ पास में कुछ मिल सकेगा?' मैंने सिर हिलाकर 'नहीं' कहा। न जाने क्यों! पुरुष अँगड़ाई ले रहा था। उसने कहा—'तब क्या होगा, मंगला?' मंगला हताश होकर बोली—'क्या करूँ?' मैंने कहा—'इसी में जो कुछ अँटे-बँटे, वह खा-पीकर आज आप लोग विश्राम कीजिए न!'

पुरुष निकल आया। उसने सिकी हुई रोटियाँ और माँस के टुकड़ों को देखकर कहा—'तब और चाहिए क्या? मैं तो आपको धन्यवाद ही दूँगा।' मंगला जैसे व्यथित होकर अपने साथी को देखने लगी; उसकी यह बात उसे अच्छी न लगी;

किन्तु अब वह द्विविधा में पड़ गयी। वह चुपचाप खड़ी रही। पुरुष ने झिड़ककर कहा—'तो आओ मंगला! मेरा अंग-अंग टूट रहा है। देखो तो बोतली में आज भर के लिए तो बची है?'

जलती हुई आग के धुँधले प्रकाश में वन-भोज का प्रसंग छिड़ा। सभी बातों पर मुझसे पूछा गया; पर शराब के लिए नहीं। मंगला को भी थोड़ी-सी मिली। मैं आश्चर्य से देख रहा था...मंगला का वह प्रगल्भ आचरण और पुरुष का निश्चिन्त शासन। दासी की तरह वह प्रत्येक बात मान लेने के लिए प्रस्तुत थी! और मैं तो जैसे किसी अद्‌भुत स्थिति में अपनेपन को भूल चुका था। क्रोध, क्षोभ और डाह सब जैसे मित्र बनने लगे थे। मन में एक विनीत प्यार—नहीं; आज्ञाकारिता-सी जग गयी थी।

पुरुष ने डटकर भोजन किया। तब एक बार मेरी ओर देखकर डकार ली। वही मानो मेरे लिए धन्यवाद था। मैं कुढ़ता हुआ भी वहीं साखू के नीचे आसन लगाने की बात सोचने लगा और पुरुष के साथ मंगला गहरी अँधियारी होने के पहले ही झोंपड़ी में चली गयी। मैं बुझती हुई आग को सुलगाने लगा। मन-ही-मन सोच रहा था, 'कल ही इन लोगों को यहाँ से चले जाना चाहिए। नहीं तो—' फिर नींद आ चली। रजनी की निस्तब्धता, टकराती हुई लहरों का कलनाद, विस्मृति में गीत की तरह कानों में गूँजने लगा।

दूसरे दिन मुझमें कोई कटुता का नाम नहीं—झिड़कने का साहस नहीं। आज्ञाकारी दास के समान मैं सविनय उनके सामने खड़ा हुआ।

'महाशय! कई मील तो जाना पड़ेगा, परन्तु थोड़ा-सा कष्ट कीजिए न। कुछ सामान खरीद लाइए आज—' मंगला को अधिक कहने का अवसर न देकर मैं उसके हाथ से रुपया लेकर चल पड़ा। मुझे नौकर बनने में सुख प्रतीत हुआ और लीजिए, मैं उसी दिन से उनके आज्ञाकारी भृत्य की तरह अहेर कर लाता। मछली मारता। एक नाव पर जाकर दूर बाजार से आवश्यक सामग्री खरीद लाता। हाँ, उस पुरुष को मदिरा नित्य चाहिए। मैं उसका भी प्रबन्ध करता और यह सब प्रसन्नता के साथ। मनुष्य को जीवन में कुछ-न-कुछ काम करना चाहिए। वह मुझे मिल गया था। मैंने देखते-देखते एक छोटा-सा छप्पर अलग डाल दिया। प्याज-मेवा, जंगली शहद और फल-फूल सब जुटाता रहता। यह मेरा परिवर्तन निर्लिप्त भाव से मेरी आत्मा ने ग्रहण कर लिया। मंगला की उपासना थी।

कई महीने बीत गये; किन्तु छविनाथ—यही उस पुरुष का नाम था—को भोजन करके, मदिरा पिये पड़े रहने के अतिरिक्त कोई काम नहीं। मंगला की गाँठ खाली हो चली। जो दस-बीस रुपये थे वह सब खर्च हो गये परन्तु छविनाथ की आनन्द-निद्रा टूटी नहीं। वह निरंकुश, स्वच्छ पान-भोजन में सन्तुष्ट व्यक्ति था। मंगला इधर कई दिनों से घबरायी हुई दिखती थी; परन्तु मैं चुपचाप अपनी उपासना में निरत था। एक सुन्दर चाँदनी रात थी। सरदी पड़ने लगी थी। वनस्थली सन्न-सन्न कर रही थी। मैं अपने छप्पर के नीचे दूर से आने वाली नदी का कलनाद सुन रहा था। मंगला सामने आकर खड़ी हो गयी। मैं चौंक उठा। उसने कहा—'मुरली!' मैं चुप रहा।

'बोलते क्यों नहीं?'

मैं फिर भी चुप रहा।

'ओह! तुम समझते हो कि मैं तुम्हें नहीं पहचानती। यह तुम्हारे बायें गाल पर जो दाढ़ी के पास चोट है, वह तुमको पहचानने से मुझे वंचित कर ले, ऐसा नहीं हो सकता। तुम मुरली हो! हो न! बोलो।'

'हाँ।' मुझसे कहते ही बना।

'अच्छा तो सुनो, मैं इस पशु से ऊब गयी हूँ। और अब मेरे पास कुछ नहीं बचा। जो कुछ लेकर मैं घर से चली थी, वह सब खर्च हो गया है।'

'तब?'—मैंने विरक्त होकर कहा।

'यही कि मुझे यहाँ से ले चलो। वह जितनी शराब थी, सब पीकर आज बेसुध-सा है। मैं तुमको इतने दिनों तक भी पहचानकर क्यों नहीं बोली, जानते हो?'

'नहीं।'

'तुम्हारी परीक्षा ले रही थी। मुझे विश्वास हो गया कि तुम मेरे सच्चे चाहने वाले हो।'

'इसकी भी परीक्षा कर ली थी तुमने?' मैंने व्यंग्य से कहा।

'उसे भूल जाओ। वह सब बड़ी दुःखद कथा है। मैं किस तरह घरवालों की सहायता से इसके साथ भागने के लिए बाध्य हुई, उसे सुनकर क्या करोगे? चलो, मैं अभी चलना चाहती हूँ। स्त्री-जीवन की भूख कब जग जाती है, इसको कोई नहीं जानता; जान लेने पर तो उसको बहाली देना असम्भव है। उसी क्षण को पकड़ना पुरुषार्थ है।'

भयानक स्त्री! मेरा सिर चकराने लगा। मैंने कहा—'आज तो मेरे पैरों में पीड़ा है। मैं उठ नहीं सकता।' उसने मेरा पैर पकड़कर कहा—'कहाँ दुखता है, लाओ मैं दाब दूँ।' मेरे शरीर में बिजली-सी दौड़ गयी। पैर खींचकर कहा—'नहीं-नहीं, तुम जाओ; सो रहो, कल देखा जाएगा।'

'तुम डरते हो न?'—यह कहकर उसने कमर में से छुरा निकाल लिया। मैंने कहा—'यह क्या?'

'अभी झगड़ा छुड़ाए देती हूँ।' यह कहकर झोंपड़ी की ओर चली। मैंने लपककर उसका हाथ पकड़ लिया और कहा—'आज ठहरो, मुझे सोच लेने दो।'

'सोच लो'—कहकर छुरा कमर में रख, वह झोंपड़ी में चली गयी। मैं हवाई हिंडोले पर चक्कर खाने लगा। स्त्री! यह स्त्री है? यही मंगला है, मेरे प्यार की अमूल्य निधि! मैं कैसा मूर्ख था! मेरी आँखों में नींद नहीं। सवेरा होने के पहले ही जब दोनों सो रहे थे, मैं अपने पथ पर दूर भागा जा रहा था।

कई बरस के बाद, जब मेरा मन उस भावना को भुला चुका था, तो धुली हुई शिला के समान स्वच्छ हो गया। मैं उसी पथ से लौटा। नाले के पास नदी की धारा के समीप खड़ा होकर देखने लगा। वह अभी उसी तरह शिला-शय्या पर छटपटा रही थी। हाँ, कुछ व्याकुलता बढ़-सी गयी थी। वहाँ बहुत-से पत्थर के छोटे-छोटे टुकड़े लुढ़कते हुए दिखाई पड़े, जो घिसकर अनेक आकृति धारण कर चुके थे। स्रोत से कुछ ऐसा परिवर्तन हुआ होगा। उनमें रंगीन चित्रों की छाया दिखाई पड़ी। मैंने कुछ बटोरकर उनकी विचित्रता देखी, कुछ पास भी रख लिए। फिर ऊपर चला। अकस्मात् वहीं पर जा पहुँचा, जहाँ पर मेरी झोंपड़ी थी। उसकी सब कड़ियाँ बिखर गयी थीं। एक लकड़ी के टुकड़े पर लोहे की नोक से लिखा था—

देवता छाया बना देते हैं। मनुष्य उसमें रहता है। और मुझ-सी राक्षसी उसमें आश्रय पाकर भी उसे उजाड़कर ही फेंकती है।

क्या यह मंगला का लिखा हुआ है? क्षण-भर के लिए सब बातें स्मरण हो आयीं। मैं नाले में उतरने लगा। वहीं पर वह पत्थर मिला।"

"देखते हैं न बाबूजी!"—इतना कहकर मुरली ने एक बड़ा-सा और कुछ छोटे-छोटे पत्थर सामने रख दिये। वह फिर कहने लगा—"इसे घिसकर और भी साफ किये जाने पर वही चित्र दिखाई दे रहा है। एक स्त्री की धुँधली

आकृति—राक्षसी-सी! यह देखिए, छुरा है हाथ में और वह साखू का पेड़ है, और यह हूँ मैं। थोड़ा-सा ही मेरे शरीर का भाग इसमें आ सका है। यह मेरी जीवनी का आंशिक चित्र है। मनुष्य का हृदय जाने किस सामग्री से बना है! वह जन्म-जन्मान्तर की बात स्मरण कर सकता है, और एक क्षण में सब भूल सकता है; किन्तु जड़ पत्थर—उस पर तो जो रेखा बन गयी, सो बन गयी। वह कोई क्षण होता होगा, जिसमें अन्तरिक्ष-निवासी कोई नक्षत्र अपनी अन्तर्भेदिनी दृष्टि से देखता होगा और अपने अदृश्य करों से शून्य में से रंग आहरण करके वह चित्र बना देता है। इसे जितना घिसिए, रेखाएँ साफ होकर निकलेंगी। मैं भूल गया था। इसने मुझे स्मरण करा दिया। अब मैं इसे आपको देकर वह बात एक बार ही भूल जाना चाहता हूँ। छोटे पत्थरों से तो आप बटन इत्यादि बनाइए; पर यह बड़ा पत्थर आपकी चाँदी की पान वाली डिबिया पर ठीक बैठ जाएगा। यह मेरी भेंट है। इसे आप लेकर मेरे मन का बोझ हल्का कर दीजिए।''

मैं कहानी सुनने में तल्लीन हो रहा था। और वह—मुरली—धीरे से मेरी आँखों के सामने से खिसक गया। मेरे सामने उसके दिये हुए चित्र वाले पत्थर बिखरे पड़े रह गये।

उस दिन जितने लोग आये, मैंने उन्हें उन पत्थरों को दिखलाया और पूछा कि यह कहाँ मिलते हैं? किसी ने कुछ ठीक-ठीक नहीं बतलाया। मैं कुछ काम न कर सका। मन उचट गया था। तीसरे पहर कुछ दूर घूमकर जब लौट आया, तो देखा कि एक स्त्री मेरी बँगलिया के पास खड़ी है। उसका अस्त-व्यस्त भाव, उन्मत्त-सी तीव्र आँखें देखकर मुझे डर लगा। मैंने कहा—''क्या है?'' उसने कुछ माँगने के लिए हाथ फैला दिया। मैंने कहा—''भूखी हो क्या? भीतर आओ।'' वह भयाकुल और सशंक दृष्टि से मुझे देखती लौट पड़ी। मैंने कहा—''लेती जाओ।'' किन्तु वह कब सुनने वाली थी!

चित्र वाला बड़ा पत्थर सामने दिखाई पड़ा। मुझे तुरन्त ही स्त्री की आकृति का ध्यान हुआ; किन्तु जब तक उसे खोजने के लिए नौकर जाय, वह पहाड़ियों की संध्या की उदास छाया में छिप गयी थी।

•

चित्र-मन्दिर

प्रकृति तब भी अपने निर्माण और विनाश में हँसती और रोती थी। पृथ्वी का पुरातन पर्वत विन्ध्य उसकी सृष्टि के विकास में सहायक था। प्राणियों का संचार उसकी गम्भीर हरियाली में बहुत धीरे-धीरे हो रहा था। मनुष्यों ने अपने हाथों को पृथ्वी से उठाकर अपने पैरों पर खड़ा होने की सूचना दे दी थी। जीवन-देवता की आशीर्वाद-रश्मि उन्हें आलोक में आने के लिए आमन्त्रित कर चुकी थी।

यौवन-जल से भरी हुई कादम्बिनी-सी युवती नीरा रीछ की खाल लपेटे एक वृक्ष की छाया में बैठी थी। उसके पास चकमक और सूखी लकड़ियों का ढेर था। छोटे-छोटे हिरनों का झुण्ड उसी स्रोत के पास जल पीने के लिए आता। उन्हें पकड़ने की ताक में युवती बड़ी देर से बैठी थी; क्योंकि उस काल में भी शस्त्रों से आखेट नर ही करते थे और उनकी नारियाँ कभी-कभी छोटे-छोटे जन्तुओं को पकड़ लेने में अभ्यस्त हो रही थीं।

स्रोत में जल कम था। वन्य कुसुम धीरे-धीरे बहते हुए एक के बाद एक आकर माला की लड़ी बना रहे थे। युवती ने उनकी विलक्षण पंखुड़ियों को आश्चर्य से देखा। वे सुन्दर थे, किन्तु उसने इन्हें अपनी दो आरम्भिक आवश्यकताओं—काम और भूख—से बाहर की वस्तु समझा। वह फिर हिरनों की प्रतीक्षा करने लगी। उनका झुण्ड आ रहा था। युवती की आँखें प्रलोभन की रंगभूमि बन रही थीं। उसने अपनी ही भुजाओं से छाती दबाकर आनन्द और उल्लास का प्रदर्शन किया।

दूर से एक कूक सुनाई पड़ी और एक भद्दे फल वाला भाला लक्ष्य से चूककर उसी के पास वृक्ष के तने में धँसकर रह गया। हाँ, भाले के धँसने पर वह जैसे न जाने क्या सोचकर पुलकित हो उठी। हिरन उसके समीप आ रहे थे; परन्तु उसकी भूख पर दूसरी प्रबल इच्छा विजयिनी हुई। पहाड़ी से उतरते हुए नर को

वह सतृष्ण देखने लगी। नर अपने भाले के पीछे आ रहा था। नारी के अंग में कम्प, पुलक और स्वेद का उद्गम हुआ।

हाँ, वही तो है, जिसने उस दिन भयानक रीछ को अपने प्रचंड बल से परास्त किया था और, उसी की खाल युवती आज लपेटे थी। कितनी ही बार तब से युवक और युवती की भेंट निर्जन कन्दराओं और लताओं के झुरमुट में हो चुकी थी। नारी के आकर्षण से खिंचा हुआ वह युवा दूसरी शैलमाला से प्रायः इधर आया करता और तब उस जंगली जीवन में दोनों का सहयोग हुआ करता। आज नर ने देखा कि युवती की अन्यमनस्कता से उसका लक्ष्य पशु निकल गया। विहार के प्राथमिक उपचार की सम्भावना न रही, उसे इस संध्या में बिना आहार के ही लौटना पड़ेगा। 'तो क्या जान-बूझकर उसने अहेरे को बहका दिया और केवल अपनी इच्छा की पूर्ति का अनुरोध लेकर चली आ रही है। लो, उसकी बाँहें व्याकुलता से आलिंगन के लिए बुला रही हैं। नहीं, उसे इस समय अपना आहार चाहिए।' उसके बाहुपाश से युवक निकल गया। नर के लिए दोनों ही अहेर थे, नारी हो या पशु। इस समय नर को नारी की आवश्यकता न थी। उसकी गुफा में माँस का अभाव था।

संध्या आ गयी। नक्षत्र ऊँचे आकाश-गिरि पर चढ़ने लगे। आलिंगन के लिए उठी हुई बाँहें गिर गयीं। इस दृश्य जगत् के उस पार से, विश्व के गम्भीर अन्तस्तल से एक करुण और मधुर अन्तर्नाद गूँज उठा। नारी के हृदय में प्रत्याख्यान की पहली ठेस लगी थी। वह उस काल के साधारण जीवन से एक विलक्षण अनुभूति थी। वन-पथ में हिंस्र पशुओं का संचार बढ़ने लगा; परन्तु युवती उस नदी-तट से न उठी। नदी की धारा में फूलों की श्रेणी बिगड़ चुकी थी और नारी की आकांक्षा की गति भी विच्छिन्न हो रही थी। आज उसके हृदय में एक अपूर्ण परिचित भाव जग पड़ा, जिसे वह समझ नहीं पाती थी। अपने दलों के दूर गये हुए लोगों को बुलाने की पुकार वायु-मण्डल में गूँज रही थी; किन्तु नारी ने अपनी बुलाहट को पहचानने का प्रयत्न किया। वह कभी नक्षत्र से चित्रित उस स्रोत के जल को देखती और कभी अपने समीप की उस तिकोनी और छोटी-सी गुफा को जिसे वह अपना अधिवास समझ लेने के लिए बाध्य हो रही थी।

2

रजनी का अन्धकार क्रमशः सघन हो रहा था। नारी बारम्बार अँगड़ाई लेती हुई सो गयी। तब भी आलिंगन के लिए उसके हाथ नींद में उठते और गिरते थे।

x x x

जब नक्षत्रों की रश्मियाँ उज्ज्वल होने लगीं, और वे पुष्ट होकर पृथ्वी पर परस्पर चुम्बन करने लगीं, तब जैसे अन्तरिक्ष में बैठकर किसी ने अपने हाथों से उनकी डोरियाँ बट दीं और उस पर झूलती हुई दो देवकुमारियाँ उतरीं।

एक ने कहा—"सखि विधाता, तुम बड़ी निष्ठुर हो। मैं जिन प्राणियों की सृष्टि करती हूँ, तुम उनके लिए अलग-अलग विधान बनाकर उसी के अनुसार कुछ दिनों के लिए जीने, अपने संकेत पर चलने और फिर मर जाने के लिए विवश कर देती हो।"

दूसरी ने कहा—"धाता, तुम भी बड़ी पगली हो। यदि समस्त प्राणियों की व्यवस्था एक-सी ही की जाती, तो तुम्हारी सृष्टि कैसी नीरस होती और फिर यह तुम्हारी क्रीड़ा कैसे चलती? देखो न, आज की ही रात है। गंधमादन में देव-बालाओं का नृत्य और असुरों के देश में राज्य-विप्लव हो रहा है। अतलान्त समुद्र सूख रहा है। महा मरुस्थल में जल की धाराएँ बहने लगी हैं, और आर्यावर्त के दक्षिण विन्ध्य के अंचल में एक हिरन न पाने पर एक युवा नर अपनी प्रेयसी नारी को छोड़कर चला जाता है। उसे है भूख, केवल भूख।"

धाता ने कहा—"हाँ बहन, इन्हें उत्पन्न हुए बहुत दिन हो चुके; पर ये अभी तक अपने सहचारी पशुओं की तरह रहते हैं।"

विधाता ने कहा—"नहीं जी, आज ही मैंने इस वर्ग के एक प्राणी के मन में ललित कोमल आन्दोलन का आरम्भ किया है। इनके हृदय में अब भावलोक की सृष्टि होगी।"

धाता ने प्रसन्न होकर पूछा—"तो अब इनकी जड़ता छूटेगी न?"

विधाता ने कहा—"हाँ, बहुत धीरे-धीरे। मनोभावों को अभिव्यक्त करने के लिए अभी इनके पास साधनों का अभाव है।"

धाता कुछ रूठ-सी गयी। उसने कहा—"चलो बहन, देवनृत्य देखें। मुझे

तुम्हारी कठोरता के कारण अपनी ही सृष्टि अच्छी नहीं लगती। कभी-कभी तो ऊब जाती हूँ।''

विधाता ने कहा—''तो चुपचाप बैठ जाओ, अपना काम बन्द कर दो, मेरी भी जलन छूटे।''

धाता ने खिन्न होकर कहा—''अभ्यास क्या एक दिन में छूट जायगा, बहन?''

''तब क्या तुम्हारी सृष्टि एक दिन में स्वर्ग बन जाएगी? चलो, सुर-बालाओं का सोमपान चल रहा है। एक-एक चषक हम लोग भी लें''—कहकर विधाताद ने किरणों की रस्सी पकड़ ली और धाता ने भी! दोनों पेंग बढ़ाने लगीं। ऊँचे जाते-जाते अन्तरिक्ष में वे छिप गयीं।

x x x

नारी जैसे सपना देखकर उठ बैठी। प्रभात हो रहा था। उसकी आँखों में मधुर स्वप्न की मस्ती भरी थी। नदी का जल धीरे-धीरे बह रहा था। पूर्व में लाली छिटक रही थी। मलयवात से बिखरे हुए केशपाश को युवती ने पीछे हटाया। हिरनों का झुण्ड फिर दिखाई पड़ा। उसका हृदय संवेदनशील हो रहा था। उस दृश्य को निस्पृह देखने लगी।

उषा के मधुर प्रकाश में हिरनों का दल छलाँग भरता हुआ स्रोत लाँघ गया; किन्तु एक शावक चकित-सा वहीं खड़ा रह गया। पीछे आखेट करने वालों का दल आ रहा था। युवती ने शावक को गोद में उठा लिया। दल के और लोग तो स्रोत के संकीर्ण तट की ओर दौड़े; किन्तु वह परिचित युवक युवती के पास चला आया। नारी ने उसे देखने के लिए मुँह फिराया था कि शावक की बड़ी-बड़ी आँखों में उसे अपना प्रतिबिम्ब दिखाई पड़ा। क्षण-भर के लिए तन्मय होकर उन निरीह नयनों में नारी अपनी छाया देखने लगी।

नर की पाशव प्रवृत्ति जग पड़ी। वह अब भी संध्या की घटना को भूल न सका था। उसने शावक छीन लेना चाहा। सहसा नारी में अद्‌भुत परिवर्तन हुआ। शावक को गोद में चिपकाए जिधर हिरन गये थे, उसी ओर वह भी दौड़ी। नर चकित-सा खड़ा रह गया।

नारी हिरनों का अनुसरण कर रही थी। नाले, खोह और छोटी पहाड़ियाँ, फिर नाला और समतल भूमि। वह दूर हिरनों का झुण्ड, वहीं कुछ दूर! बराबर आगे

बढ़ी जा रही थी। आखेट के लिए उन आदिम नरों का झुण्ड बीच-बीच में मिलता। परन्तु उसे क्या? वह तो उस झुण्ड के पीछे चली जा रही थी, जिसमें काली पीठ वाले दो हिरन आगे-आगे चौकड़ी भर रहे थे।

एक बड़ी नदी के तट पर जिसे लाँघना असम्भव समझकर हिरनों का झुण्ड खड़ा हो गया था, नारी रुक गयी। शावक को उनके बीच में उसने छोड़ दिया। नर और पशुओं के जीवन में वह एक आश्चर्यपूर्ण घटना थी। शावक अपनी माता का स्तन-पान करने लगा। युवती पहले-पहल मुस्करा उठी। हिरनों ने सिर झुका दिये। उनका विरोध-भाव जैसे नष्ट हो चुका था। वह लौटकर अपनी गुफा में आयी। चुपचाप थकी-सी पड़ रही। उसके नेत्रों के सामने दो दृश्य थे। एक में प्रकाण्ड शरीर वाला प्रचण्ड बलशाली युवक चकमक के फल का भाला लिए पशुओं का अहेर कर रहा था। दूसरे में वह स्वयं हिरनों के झुण्ड में घिरी हुई खड़ी थी। एक में भय था, दूसरे में स्नेह। दोनों में कौन अच्छा है, वह निश्चय न कर सकी।

3

नारी की दिनचर्या बदल रही थी। उसके हृदय में एक ललित भाव की सृष्टि हो रही थी। मानस में लहरें उठने लगी थीं। पहला युवक प्रायः आता, उसके पास बैठता और अनेक चेष्टाएँ करता; किन्तु युवती अचल पाषाण-प्रतिमा की तरह बैठी रहती। एक दूसरा युवक भी आने लगा था। वह भी अहेर का माँस या फल कुछ-न-कुछ रख ही जाता। पहला इसे देखकर दाँत पीसता, नस चटकाता, उछलता, कूदता और हाथ-पैर चलाता था। तब भी नारी न तो विरोध करती, न अनुरोध। उन क्रोधपूर्ण हुंकारों को जैसे वह सुनती ही न थी। यह लीला प्रायः नित्य हुआ करती। वह एक प्रकार से अपने दल से निर्वासित उसी गुफा में अपनी कठोर साधना में जैसे निमग्न थी।

एक दिन उसी गुफा के नीचे नदी के पुलिन में एक वराह के पीछे पहला युवक अपना भाला लिए दौड़ता आ रहा था। सामने से दूसरा युवक भी आ गया और उसने अपना भाला चला ही दिया। चोट से विकल वराह पहले युवक की ओर लौट पड़ा जिसके सामने दो अहेर थे। उसने भी अपना सुदीर्घ भाला कुछ-कुछ जान में और कुछ अनजान में फेंका। वह क्रोध-मूर्ति था। दूसरा युवक

छाती ऊँची किये आ रहा था। भाला उसमें घुस गया। उधर वराह ने अपनी पैनी दाढ़ पहले युवक के शरीर में चुभो दी। दोनों युवक गिर पड़े। वराह निकल गया। युवती ने देखा, वह दौड़कर पहले युवक को उठाने लगी; किन्तु दल के लोग वहाँ पहुँच गये। उनकी घृणापूर्ण दृष्टि से आहत होकर नारी अपनी गुफा में लौट गयी।

आज उसकी आँखों से पहले-पहल आँसू भी गिरे। एक दिन वह हँसी भी थी। मनुष्य-जीवन की ये दोनों प्रधान अभिव्यक्तियाँ उसके सामने क्रम से आयीं। वह रोती थी और हँसती थी, हँसती थी फिर रोती थी।

वसन्त बीत चुका था। प्रचण्ड ग्रीष्म का आरम्भ था। पहाड़ियों से लाल और काले धातुराग बहने लगे थे। युवती जैसे उस जड़ प्रकृति से अपनी तुलना करने लगी। उसकी एक आँख से हँसी और दूसरी से आँसू का उद्गम हुआ करता, और वे दोनों दृश्य उसे प्रेरित किये रहते।

नारी ने इन दोनों भावों की अभिव्यक्ति को स्थायी रूप देना चाहा। शावक की आँखों में उसने पहला चित्र देखा था। कुचली हुई वेतस की लता को उसने धातुराग में डुबोया और अपनी तिकोनी गुफा में पहली चितेरिन चित्र बनाने बैठी। उसके पास दो रंग थे, एक गैरिक, दूसरा कृष्ण। गैरिक से उसने अपना चित्र बनाया, जिसमें हिरनों के झुण्ड में स्वयं वहीं खड़ी थी, और कृष्ण धातुराग से आखेट का चित्र, जिसमें पशुओं के पीछे अपना भाला ऊँचा किये हुए भीष्म आकृति का नर था।

नदी का वह तट, अमंगलजनक स्थान बहुत काल तक नर संचार-वर्जित रहा; किन्तु नारी वहीं अपने जीवनपर्यंत उन दोनों चित्रों को देखती रहती और अपने को कृतकृत्य समझती।

विन्ध्य के अंचल में मनुष्यों के कितने ही दल वहाँ आये और गये। किसी ने पहले उस चित्र-मन्दिर को भय से देखा, किसी ने भक्ति से।

मानव-जीवन के उस काल का वह स्मृतिचिह्न—जब कि उसने अपने हृदयलोक में संसार के दो प्रधान भावों की प्रतिष्ठा की थी—आज भी सुरक्षित है। उस प्रान्त के जंगली लोग उसे राजधानी की गुफा और ललितकला के खोजी उसे पहला चित्र-मन्दिर कहते हैं।

•

गुण्डा

वह पचास वर्ष से ऊपर था। तब भी युवकों से अधिक बलिष्ठ और दृढ़ था। चमड़े पर झुर्रियाँ नहीं पड़ी थीं। वर्षा की झड़ी में, पूस की रातों की छाया में, कड़कती हुई जेठ की धूप में, नंगे शरीर घूमने में वह सुख मानता था। उसकी चढ़ी मूँछें बिच्छू के डंक की तरह, देखने वालों की आँखों में चुभती थीं। उसका साँवला रंग, साँप की तरह चिकना और चमकीला था। उसकी नागपुरी धोती का लाल रेशमी किनारा दूर से ही ध्यान आकर्षित करता। कमर में बनारसी सेल्हे का फेंटा, जिसमें सीप की मूठ का बिछुआ खुँसा रहता था। उसके घुँघराले बालों पर सुनहले पल्ले के साफे का छोर उसकी चौड़ी पीठ पर फैला रहता। ऊँचे कन्धे पर टिका हुआ चौड़ी धार का गँड़ासा, यह थी उसकी धज! पंजों के बल जब वह चलता, तो उसकी नसें चटाचट बोलती थीं। वह गुण्डा था।

ईसा की अठारहवीं शताब्दी के अन्तिम भाग में वही काशी नहीं रह गयी थी, जिसमें उपनिषद् के अजातशत्रु की परिषद् के ब्रह्मविद्या सीखने के लिए विद्वान् ब्रह्मचारी आते थे। गौतम बुद्ध और शंकराचार्य के धर्म-दर्शन के वाद-विवाद, कई शताब्दियों से लगातार मन्दिरों और मठों के ध्वंस और तपस्वियों के वध के कारण, प्रायः बन्द-से हो गये थे। यहाँ तक कि पवित्रता और छुआछूत में कट्टर वैष्णव-धर्म भी उस विश्रृंखलता में, नवागन्तुक धर्मोन्माद में अपनी असफलता देखकर काशी में अघोर रूप धारण कर रहा था। उसी समय समस्त न्याय और बुद्धिवाद को शस्त्र-बल के सामने झुकते देखकर, काशी के विच्छिन्न और निराश नागरिक जीवन ने, एक नवीन सम्प्रदाय की सृष्टि की। वीरता जिसका धर्म था। अपनी बात पर मिटना, सिंह-वृत्ति से जीविका ग्रहण करना, प्राण-भिक्षा माँगने वाले कायरों तथा चोट खाकर गिरे हुए प्रतिद्वन्द्वी पर शस्त्र न उठाना,

सताये निर्बलों को सहायता देना और प्रत्येक क्षण प्राणों को हथेली पर लिए घूमना, उसका बाना था। उन्हें लोग काशी में गुण्डा कहते थे।

जीवन की किसी अलभ्य अभिलाषा से वंचित होकर जैसे प्रायः लोग विरक्त हो जाते हैं, ठीक उसी तरह किसी मानसिक चोट से घायल होकर, एक प्रतिष्ठित जमींदार का पुत्र होने पर भी, नन्हकू सिंह गुण्डा हो गया था। दोनों हाथों से उसने अपनी सम्पत्ति लुटायी। नन्हकू सिंह ने बहुत-सा रुपया खर्च करके जैसा स्वाँग खेला था, उसे काशी वाले बहुत दिनों तक भी नहीं भूल सके। वसन्त ऋतु में यह प्रहसनपूर्ण अभिनय खेलने के लिए उन दिनों प्रचुर धन, बल, निर्भीकता और उच्छृंखलता की आवश्यकता होती थी। एक बार नन्हकू सिंह ने भी एक पैर में नूपुर, एक हाथ में तोड़ा, एक आँख में काजल, एक कान में हजारों के मोती तथा दूसरे कान में फटे हुए जूते का तल्ला लटकाकर, एक हाथ में जड़ाऊ मूठ की तलवार, दूसरा हाथ आभूषणों से लदी हुई अभिनय करने वाली प्रेमिका के कन्धे पर रखकर गाया था–

"कहीं बैंगन वाली मिले तो बुला देना।"

प्रायः बनारस के बाहर की हरियालियों में, अच्छे पानी वाले कुओं पर, गंगा की धारा में मचलती हुई डोंगी पर वह दिखलाई पड़ता था। कभी-कभी जुआखाने से निकलकर जब वह चौक में आ जाता, तो काशी की रँगीली वेश्याएँ मुस्कराकर उसका स्वागत करतीं और उसके दृढ़ शरीर को सस्पृह देखतीं। वह तमोली की ही दुकान पर बैठकर उनके गीत सुनता, ऊपर कभी नहीं जाता था। जुए की जीत का रुपया मुट्ठियों में भर-भरकर, उनकी खिड़की में इस तरह उछालता कि कभी-कभी समाजी लोग अपना सिर सहलाने लगते, तब वह ठठाकर हँस देता। जब कभी लोग कोठे के ऊपर चलने के लिए कहते, तो वह उदासी की साँस खींचकर चुप हो जाता।

वह अभी वन्शी के जुआखाने से निकला था। आज उसकी कौड़ी ने साथ न दिया। सोलह परियों के नृत्य में उसका मन न लगा। मन्नू तमोली की दुकान पर बैठते हुए उसने कहा–"आज सायत अच्छी नहीं रही, मन्नू!"

"क्यों मालिक! चिन्ता किस बात की है। हम लोग किस दिन के लिए हैं। सब आप ही का तो है।"

"अरे, बुद्धू ही रहे तुम! नन्हकू सिंह जिस दिन किसी से लेकर जुआ खेलने

लगे उसी दिन समझना वह मर गये। तुम जानते नहीं कि मैं जुआ खेलने कब जाता हूँ। जब मेरे पास एक पैसा नहीं रहता, उसी दिन नाल पर पहुँचते ही जिधर बड़ी ढेरी रहती है, उसी को बदता हूँ और फिर वही दाँव आता भी है। बाबा कीनाराम का यह वरदान है!''

''तब आज क्यों, मालिक?''

''पहला दाँव तो आया ही, फिर दो-चार हाथ बदने पर सब निकल गया। तब भी लो, यह पाँच रुपये बचे हैं। एक रुपया तो पान के लिए रख लो और चार दे दो मलूकी कथक को, कह दो कि दुलारी से गाने के लिए कह दे। हाँ वही एक गीत–

''विलमि विदेश रहे।''

नन्हकू सिंह की बात सुनते ही मलूकी, जो अभी गाँजे की चिलम पर रखने के लिए अँगारा चूर कर रहा था, घबराकर उठ खड़ा हुआ। वह सीढ़ियों पर दौड़ता हुआ चढ़ गया। चिलम को देखता ही ऊपर चढ़ा, इसलिए उसे चोट भी लगी, पर नन्हकू सिंह की भृकुटी देखने की शक्ति उसमें कहाँ। उसे नन्हकू सिंह की वह मूर्ति न भूली थी, जब इसी पान की दुकान पर जुएखाने से जीता हुआ, रुपये से भरा तोड़ा लिए वह बैठा था। दूर से बोधीसिंह की बारात का बाजा बजता हुए आ रहा था। नन्हकू ने पूछा–''यह किसकी बारात है?''

''ठाकुर बोधीसिंह के लड़के की।''–मन्नू के इतना कहते ही नन्हकू के ओठ फड़कने लगे। उसने कहा–''मन्नू! यह नहीं हो सकता। आज इधर से बारात न जाएगी। बोधीसिंह हमसे निपटकर तब बारात इधर से ले जा सकेंगे।''

मन्नू ने कहा–''तब मालिक, मैं क्या करूँ?''

नन्हकू गँड़ासा कन्धे पर से और ऊँचा करके मलूकी से बोला–''मलुकिया देखता है, अभी जा ठाकुर से कह दे, कि बाबू नन्हकू सिंह आज यहीं लगाने के लिए खड़े हैं। समझकर आवें, लड़के की बारात है।'' मलुकिया काँपता हुआ ठाकुर बोधीसिंह के पास गया। बोधीसिंह और नन्हकू से पाँच वर्ष से सामना नहीं हुआ है। किसी दिन नाल पर कुछ बातों में ही कहा-सुनी होकर, बीच-बचाव हो गया था। फिर सामना नहीं हो सका। आज नन्हकू जान पर खेलकर अकेले खड़ा है। बोधीसिंह भी उस आन को समझते थे। उन्होंने मलूकी से कहा–''जा बे, कह दे कि हमको क्या मालूम कि बाबू साहब वहाँ खड़े हैं। जब वह हैं

ही, तो दो समधी जाने का क्या काम है।" बोधीसिंह लौट गये और मलूकी के कन्धे पर तोड़ा लादकर बाजे के आगे नन्हकू सिंह बारात लेकर गये। ब्याह में जो कुछ लगा, खर्च किया। ब्याह कराकर तब, दूसरे दिन इसी दुकान तक आकर रुक गये। लड़के को और उसकी बारात को उसके घर भेज दिया।

मलूकी को भी दस रुपया मिला था उस दिन। फिर नन्हकू सिंह की बात सुनकर बैठे रहना और यम को न्योता देना एक ही बात थी। उसने जाकर दुलारी से कहा—"हम ठेका लगा रहे हैं, तुम गाओ, तब तक बल्लू सारंगी वाला पानी पीकर आता है।"

"बाप रे, कोई आफत आयी है क्या बाबू साहब? सलाम।"—कहकर दुलारी ने खिड़की से मुस्कराकर झाँका था कि नन्हकू सिंह उसके सलाम का जवाब देकर, दूसरे एक आने वाले को देखने लगे।

हाथ में हरौती की पतली-सी छड़ी, आँखों में सुरमा, मुँह में पान, मेंहदी लगी हुई लाल दाढ़ी, जिसकी सफेद जड़ दिखलाई पड़ रही थी, कुव्वेदार टोपी; छकलिया अँगरखा और साथ में लैसदार परत वाले दो सिपाही! कोई मौलवी साहब हैं। नन्हकू हँस पड़ा। नन्हकू की ओर बिना देखे ही मौलवी ने एक सिपाही से कहा—"जाओ, दुलारी से कह दो कि आज रेजिडेंट साहब की कोठी पर मुजरा करना होगा, अभी चले, देखो तब तक हम जानअली से कुछ इत्र ले रहे हैं।" सिपाही ऊपर चढ़ रहा था और मौलवी दूसरी ओर चले थे कि नन्हकू ने ललकार कर कहा— "दुलारी! हम कब तक यहाँ बैठे रहें! क्या अभी सरंगिया नहीं आया?"

दुलारी ने कहा—"वाह बाबू साहब! आप ही के लिए तो मैं यहाँ आ बैठी हूँ, सुनिए न। आप तो कभी ऊपर..." मौलवी जल उठा। उसने कड़ककर कहा—"चोबदार! अभी वह सूअर की बच्ची उतरी नहीं। जाओ, कोतवाल के पास मेरा नाम लेकर कहो कि मौलवी अलाउद्दीन कुबरा ने बुलाया है। आकर उसकी मरम्मत करें। देखता हूँ तो जब से नवाबी गयी, इन काफिरों की मस्ती बढ़ गयी है।"

कुबरा मौलवी! बाप रे—तमोली अपनी दुकान सम्हालने लगा। पास ही एक दुकान पर बैठकर ऊँघता हुआ बजाज चौंककर सिर में चोट खा गया! इसी मौलवी ने तो महाराज चेतसिंह से साढ़े तीन सेर चींटी के सिर का तेल माँगा था। मौलवी अलाउद्दीन कुबरा! बाजार में हलचल मच गयी। नन्हकू सिंह ने मन्नू से

कहा—"क्यों, चुपचाप बैठोगे नहीं!" दुलारी से कहा—"वहीं से बाईजी! इधर-उधर हिलने का काम नहीं। तुम गाओ। हमने ऐसे घसियारे बहुत-से देखे हैं। अभी कल रमल के पासे फेंककर अधेला-अधेला माँगता था, आज चला है रोब गाँठने।"

अब कुबरा ने घूमकर उसकी ओर देखकर कहा—"कौन है यह पाजी!"

"तुम्हारे चाचा बाबू नन्हकू सिंह!"—के साथ ही पूरा बनारसी झापड़ पड़ा। कुबरा का सिर घूम गया। लैस के परत वाले सिपाही दूसरी ओर भाग चले और मौलवी साहब चौंधियाकर जानअली की दुकान पर लड़खड़ाते, गिरते-पड़ते किसी तरह पहुँच गये।

जानअली ने मौलवी से कहा—"मौलवी साहब! भला आप भी उस गुण्डे के मुँह लगने गये। यह तो कहिए कि उसने गँड़ासा नहीं तौल दिया।" कुबरा के मुँह से बोली नहीं निकल रही थी। उधर दुलारी गा रही थी। "...विलमि विदेस रहे..." गाना पूरा हुआ, कोई आया-गया नहीं। तब नन्हकू सिंह धीरे-धीरे टहलता हुआ, दूसरी ओर चला गया। थोड़ी देर में एक डोली रेशमी परदे से ढँकी हुई आयी। साथ में एक चोबदार था। उसने दुलारी को राजमाता पन्ना की आज्ञा सुनायी।

दुलारी चुपचाप डोली पर जा बैठी। डोली धूल और संध्याकाल के धुएँ से भरी हुई बनारस की तंग गलियों से होकर शिवालय घाट की ओर चली।

2

श्रावण का अन्तिम सोमवार था। राजमाता पन्ना शिवालय में बैठकर पूजन कर रही थीं। दुलारी बाहर बैठी कुछ अन्य गाने वालियों के साथ भजन गा रही थी। आरती हो जाने पर, फूलों की अंजलि बिखेरकर पन्ना ने भक्तिभाव से देवता के चरणों में प्रणाम किया। फिर प्रसाद लेकर बाहर आते ही उन्होंने दुलारी को देखा। उसने खड़ी होकर हाथ जोड़ते हुए कहा—"मैं पहले ही पहुँच जाती। क्या करूँ, वह कुबरा मौलवी निगोड़ा आकर रेजिडेंट की कोठी पर ले जाने लगा। घण्टों इसी झंझट में बीत गया, सरकार!"

"कुबरा मौलवी! जहाँ सुनती हूँ, उसी का नाम है। सुना है कि उसने यहाँ भी आकर कुछ..."—फिर न जाने क्या सोचकर बात बदलते हुए पन्ना ने कहा—"हाँ, तब फिर क्या हुआ? तुम कैसे यहाँ आ सकीं?"

"बाबू नन्हकू सिंह उधर से आ गये। मैंने कहा—सरकार की पूजा पर मुझे भजन गाने को जाना है। और यह जाने नहीं दे रहा है। उन्होंने मौलवी को ऐसा झापड़ लगाया कि उसकी हेकड़ी भूल गयी। और तब जाकर मुझे किसी तरह यहाँ आने की छुट्टी मिली।"

"कौन बाबू नन्हकू सिंह!"

दुलारी ने सिर नीचा करके कहा—"अरे, क्या सरकार को नहीं मालूम? बाबू निरंजनसिंह के लड़के! उस दिन, जब मैं बहुत छोटी थी, आपकी बारी में झूला झूल रही थी, जब नवाब का हाथी बिगड़कर आ गया था, बाबू निरंजन सिंह के कुँवर ने ही तो उस दिन हम लोगों की रक्षा की थी।"

राजमाता का मुख उस प्राचीन घटना को स्मरण करके न जाने क्यों विवर्ण हो गया। फिर अपने को सम्भालकर उन्होंने पूछा—"तो बाबू नन्हकू सिंह उधर कैसे आ गये?"

दुलारी ने मुस्कराकर सिर नीचा कर लिया! दुलारी राजमाता पन्ना के पिता की जमींदारी में रहने वाली वेश्या की लड़की थी। उसके साथ ही कितनी बार झूले-हिंडोले अपने बचपन में पन्ना झूल चुकी थी। वह बचपन से ही गाने में सुरीली थी। सुन्दरी होने पर चंचल भी थी। राजमहल में उसका गाना-बजाना हुआ ही करता। महाराज बलवन्त सिंह के समय में ही संगीत पन्ना के जीवन का आवश्यक अंग था। हाँ, अब प्रेम-दुःख और दर्द भरी विरह-कल्पना के गीत की ओर अधिक रुचि न थी। अब सात्विक भावपूर्ण भजन होता था। राजमाता पन्ना का वैधव्य से दीप्त शान्त मुख-मण्डल कुछ मलिन हो गया।

बड़ी रानी की सापत्न्य ज्वाला बलवन्त सिंह के मर जाने पर भी नहीं बुझी। अन्तःपुर कलह का रंगमंच बना रहता, इसी से प्रायः पन्ना काशी के राजमन्दिर में आकर पूजा-पाठ में अपना मन लगाती। रामनगर में उसको चैन नहीं मिलता। नयी रानी होने के कारण बलवन्त सिंह की प्रेयसी होने का गौरव तो उसे था ही, साथ में पुत्र उत्पन्न करने का सौभाग्य भी मिला, फिर भी असवर्णता का सामाजिक दोष उसके हृदय को व्यथित किया करता। उसे अपने ब्याह की आरम्भिक चर्चा का स्मरण हो आया।

छोटे-से मंच पर बैठी, गंगा की उमड़ती हुई धारा को पन्ना अन्यमनस्क होकर देखने लगी। उस बात को, जो अतीत में एक बार, हाथ से अनजाने में खिसक

जाने वाली वस्तु की तरह गुप्त हो गयी हो; सोचने का कोई कारण नहीं। उससे कुछ बनता-बिगड़ता भी नहीं; परन्तु मानव-स्वभाव हिसाब रखने की प्रथानुसार कभी-कभी कह बैठता है, 'कि यदि वह बात हो गयी होती तो?' ठीक उसी तरह पन्ना भी राजा बलवन्त सिंह द्वारा बलपूर्वक रानी बनाये जाने के पहले की एक सम्भावना को सोचने लगी थी। सो भी बाबू नन्हकू सिंह का नाम सुन लेने पर। गेंदा मुँहलगी दासी थी। वह पन्ना के साथ उसी दिन से है, जिस दिन से पन्ना बलवन्त सिंह की प्रेयसी हुई। राज्य-भर का अनुसन्धान उसी के द्वारा मिला करता। और उसे न जाने कितनी जानकारी भी थी। उसने दुलारी का रंग उखाड़ने के लिए कुछ कहना आवश्यक समझा।

"महारानी! नन्हकू सिंह अपनी सब जमींदारी स्वाँग, भैंसों की लड़ाई, घुड़दौड़ और गाने-बजाने में उड़ाकर अब डाकू हो गया है। जितने खून होते हैं, सबमें उसी का हाथ रहता है। जितनी..." उसे रोककर दुलारी ने कहा—"यह झूठ है। बाबू साहब के ऐसा धर्मात्मा तो कोई है ही नहीं। कितनी विधवाएँ उनकी दी हुई धोती से अपना तन ढँकती हैं। कितनी लड़कियों की ब्याह-शादी होती है। कितने सताये हुए लोगों की उनके द्वारा रक्षा होती है।"

रानी पन्ना के हृदय में एक तरलता उद्वेलित हुई। उन्होंने हँसकर कहा—"दुलारी, वे तेरे यहाँ आते हैं न? इसी से तू उनकी बड़ाई...।"

"नहीं सरकार! शपथ खाकर कह सकती हूँ कि बाबू नन्हकू सिंह ने आज तक कभी मेरे कोठे पर पैर भी नहीं रखा।"

राजमाता न जाने क्यों इस अद्‌भुत व्यक्ति को समझने के लिए चंचल हो उठी थीं। तब भी उन्होंने दुलारी को आगे कुछ न कहने के लिए तीखी दृष्टि से देखा। वह चुप हो गयी। पहले पहर की शहनाई बजने लगी। दुलारी छुट्टी माँगकर डोली पर बैठ गयी। तब गेंदा ने कहा—"सरकार! आजकल नगर की दशा बड़ी बुरी है। दिन-दहाड़े लोग लूट लिए जाते हैं। सैकड़ों जगह नाल पर जुए में लोग अपना सर्वस्व गँवाते हैं। बच्चे कुसलाये जाते हैं। गलियों में लाठियाँ और छुरा चलने के लिए टेढ़ी भौंहें कारण बन जाती हैं। उधर रेजिडेंट साहब से महाराजा की अनबन चल रही है।" राजमाता चुप रहीं।

दूसरे दिन राजा चेतसिंह के पास रेजिडेण्ट मार्कहेम की चिट्ठी आयी, जिसमें नगर की दुर्व्यवस्था की कड़ी आलोचना थी। डाकुओं और गुण्डों को पकड़ने के

लिए, उन पर कड़ा नियंत्रण रखने की सम्मति भी थी। कुबरा मौलवी वाली घटना का भी उल्लेख था। उधर हेस्टिंग्स के आने की भी सूचना थी। शिवालय घाट और रामनगर में हलचल मच गयी! कोतवाल हिम्मत सिंह, पागल की तरह, जिसके हाथ में लाठी, लोहाँगी, गँड़ासा, बिछुआ और करौली देखते, उसी को पकड़ने लगे।

एक दिन नन्हकू सिंह सुम्भा के नाले के संगम पर, ऊँचे-से टीले की घनी हरियाली में अपने चुने हुए साथियों के साथ दूधिया छान रहे थे। गंगा में, उनकी पतली डोंगी बड़ की जटा से बँधी थी। कथकों का गाना हो रहा था। चार उलाँकी इक्के कसे-कसाये खड़े थे।

नन्हकू सिंह ने अकस्मात् कहा—"मलूकी! गाना जमता नहीं है। उलाँकी पर बैठकर जाओ, दुलारी को बुला लाओ।" मलूकी वहाँ मजीरा बजा रहा था। दौड़कर इक्के पर जा बैठा। आज नन्हकू सिंह का मन उखड़ा था। बूटी कई बार छानने पर भी नशा नहीं। एक घंटे में दुलारी सामने आ गयी। उसने मुस्कराकर कहा—"क्या हुक्म है बाबू साहब?"

"दुलारी! आज गाना सुनने का मन कर रहा है।"

"इस जंगल में क्यों?"—उसने सशंक हँसकर कुछ अभिनय से पूछा।

"तुम किसी तरह का खटका न करो।"—नन्हकू सिंह ने हँसकर कहा।

"यह तो मैं उस दिन महारानी से भी कह आयी हूँ।"

"क्या, किससे?"

"राजमाता पन्नादेवी से"—फिर उस दिन गाना नहीं जमा। दुलारी ने आश्चर्य से देखा कि तानों में नन्हकू की आँखें तर हो जाती हैं। गाना-बजाना समाप्त हो गया था। वर्षा की रात में झिल्लियों का स्वर उस झुरमुट में गूँज रहा था। मन्दिर के समीप ही छोटे-से कमरे में नन्हकू सिंह चिन्ता में निमग्न बैठा था। आँखों में नींद नहीं। और सब लोग तो सोने लगे थे, दुलारी जाग रही थी। वह भी कुछ सोच रही थी। आज उसे, अपने को रोकने के लिए कठिन प्रयत्न करना पड़ रहा था; किन्तु असफल होकर वह उठी और नन्हकू के समीप धीरे-धीरे चली आयी। कुछ आहट पाते ही चौंककर नन्हकू सिंह ने पास ही पड़ी हुई तलवार उठा ली। तब तक हँसकर दुलारी ने कहा—"बाबू साहब, यह क्या? स्त्रियों पर भी तलवार चलायी जाती है!"

छोटे-से दीपक के प्रकाश में वासना-भरी रमणी का मुख देखकर नन्हकू हँस पड़ा। उसने कहा—"क्यों बाईजी! क्या इसी समय जाने की पड़ी है। मौलवी ने

फिर बुलाया है क्या?'' दुलारी नन्हकू के पास बैठ गयी। नन्हकू ने कहा—''क्या तुमको डर लग रहा है?''

''नहीं, मैं कुछ पूछने आयी हूँ।''

''क्या?''

''क्या,...यही कि...कभी तुम्हारे हृदय में...''

''उसे न पूछो दुलारी! हृदय को बेकार ही समझकर तो उसे हाथ में लिए फिर रहा हूँ। कोई कुछ कर देता—कुचलता—चीरता—उछालता! मर जाने के लिए सब-कुछ तो करता हूँ, पर मरने नहीं पाता।''

''मरने के लिए भी कहीं खोजने जाना पड़ता है। आपको काशी का हाल क्या मालूम! न जाने घड़ी भर में क्या हो जाए। उलट-पलट होने वाला है क्या, बनारस की गलियाँ जैसे काटने दौड़ती हैं।''

''कोई नयी बात इधर हुई है क्या?''

''कोई हेस्टिंग्स आया है। सुना है उसने शिवालय घाट पर तिलंगों की कम्पनी का पहरा बैठा दिया है। राजा चेतसिंह और राजमाता पन्ना वहीं हैं। कोई-कोई कहता है कि उनको पकड़कर कलकत्ता भेजने...''

''क्या पन्ना भी...रनिवास भी वहीं है''—नन्हकू अधीर हो उठा था।

''क्यों बाबू साहब, आज रानी पन्ना का नाम सुनकर आपकी आँखों में आँसू क्यों आ गये?''

सहसा नन्हकू का मुख भयानक हो उठा! उसने कहा—''चुप रहो, तुम उसको जानकर क्या करोगी?'' वह उठ खड़ा हुआ। उद्विग्न की तरह न जाने क्या कुछ खोजने लगा। फिर स्थिर होकर उसने कहा—''दुलारी! जीवन में आज यह पहला ही दिन है कि एकान्त में एक स्त्री मेरे पलँग पर आकर बैठ गयी है, मैं चिरकुमार! अपनी एक प्रतिज्ञा का निर्वाह करने के लिए सैकड़ों असत्य, अपराध करता फिर रहा हूँ। क्यों? तुम जानती हो? मैं स्त्रियों का घोर विद्रोही हूँ और पन्ना!...किन्तु उसका क्या अपराध! अत्याचारी बलवन्त सिंह के कलेजे में बिछुआ मैं न उतार सका। किन्तु पन्ना! उसे पकड़कर गोरे कलकत्ते भेज देंगे! वही...।''

नन्हकू सिंह उन्मत्त हो उठा था। दुलारी ने देखा, नन्हकू अन्धकार में ही वट-वृक्ष के नीचे पहुँचा और गंगा की उमड़ती हुई धारा में डोंगी खोल दी—उसी घने अन्धकार में। दुलारी का हृदय काँप उठा।

3

16 अगस्त, सन् 1881 को काशी डावाँडोल हो रही थी। शिवालय घाट में राजा चेतसिंह लेफ्टिनेंट इस्टाकर के पहरे में थे। नगर में आतंक था। दुकानें बन्द थीं। घरों में बच्चे अपनी माँ से पूछते थे–"माँ, आज हलुए वाला नहीं आया।" वह कहती–"चुप बेटे!–" सड़कें सूनी पड़ी थीं। तिलंगों की कम्पनी के आगे-आगे कुबरा मौलवी कभी-कभी, आता-जाता दिखाई पड़ता था। उस समय खुली हुई खिड़कियाँ बन्द हो जाती थीं। भय और सन्नाटे का राज्य था। चौक में चिथरूसिंह की हवेली अपने भीतर काशी की वीरता को बन्द किये कोतवाल का अभिनय कर रही थी। इसी समय किसी ने पुकारा–"हिम्मत सिंह!"

खिड़की में से सिर निकालकर हिम्मत सिंह ने पूछा–"कौन?"

"बाबू नन्हकू सिंह!"

"अच्छा, तुम अब तक बाहर ही हो?"

"पागल! राजा कैद हो गये हैं। छोड़ दो इन सब बहादुरों को! हम एक बार इनको लेकर शिवालय घाट पर जाएँ।"

"ठहरो"–कहकर हिम्मत सिंह ने कुछ आज्ञा दी, सिपाही बाहर निकले। नन्हकू की तलवार चमक उठी। सिपाही भीतर भागे। नन्हकू ने कहा–"नमकहरामो! चूड़ियाँ पहन लो।" लोगों के देखते-देखते नन्हकू सिंह चला गया। कोतवाली के सामने फिर सन्नाटा हो गया।

नन्हकू उन्मत्त था। उसके थोड़े-से साथी उसकी आज्ञा पर जान देने के लिए तुले थे। वह नहीं जानता था कि राजा चेतसिंह का क्या राजनैतिक अपराध है? उसने कुछ सोचकर अपने थोड़े-से साथियों को फाटक पर गड़बड़ मचाने के लिए भेज दिया। इधर अपनी डोंगी लेकर शिवालय की खिड़की के नीचे धारा काटता हुआ पहुँचा। किसी तरह निकले हुए पत्थर में रस्सी अटकाकर, उस चंचल डोंगी को उसने स्थिर किया। बन्दर की तरह उछलकर खिड़की के भीतरी हो रहा। उस समय वहाँ राजमाता पन्ना और राजा चेतसिंह से बाबू मनियार सिंह कह रहे थे–"आपके यहाँ रहने से, हम लोग क्या करें, यह समझ में नहीं आता। पूजा-पाठ समाप्त करके आप रामनगर चली गयी होतीं, तो यह..."

तेजस्विनी पन्ना ने कहा–"अब मैं रामनगर कैसे चली जाऊँ?"

मनियार सिंह दुखी होकर बोले–"कैसे बताऊँ? मेरे सिपाही तो बन्दी हैं।"

इतने में फाटक पर कोलाहल मचा। राज-परिवार अपनी मन्त्रणा में डूबा था कि नन्हकू सिंह का आना उन्हें मालूम हुआ। सामने का द्वार बन्द था। नन्हकू सिंह ने एक बार गंगा की धारा को देखा—उसमें एक नाव घाट पर लगने के लिए लहरों से लड़ रही थी। वह प्रसन्न हो उठा। इसी की प्रतीक्षा में वह रुका था। उसने जैसे सबको सचेत करते हुए कहा—"महारानी कहाँ हैं?"

सबने घूमकर देखा—एक अपरिचित वीर मूर्ति! शस्त्रों से लदा हुआ पूरा देव!

चेतसिंह ने पूछा—"तुम कौन हो?"

"राज-परिवार का एक बिना दाम का सेवक!"

पन्ना के मुँह से हल्की-सी एक साँस निकलकर रह गयी। उसने पहचान लिया। इतने वर्षों के बाद! वही नन्हकू सिंह!

मनियार सिंह ने पूछा—"तुम क्या कर सकते हो?"

"मैं मर सकता हूँ! पहले महारानी को डोंगी पर बिठाइए। नीचे दूसरी डोंगी पर अच्छे मल्लाह हैं। फिर बात कीजिए।"—मनियार सिंह ने देखा, जनानी ड्योढ़ी का दरोगा राज की एक डोंगी पर चार मल्लाहों के साथ खिड़की से नाव सटाकर प्रतीक्षा में है। उन्होंने पन्ना से कहा—"चलिए, मैं साथ चलता हूँ।"

"और..."—चेतसिंह को देखकर, पुत्रवत्सला ने संकेत से एक प्रश्न किया, उसका उत्तर किसी के पास न था। मनियार सिंह ने कहा—"तब मैं यहीं?" नन्हकू ने हँसकर कहा—"मेरे मालिक, आप नाव पर बैठें। जब तक राजा भी नाव पर न बैठ जाएँगे, तब तक यह सत्रह गोली खाकर भी नन्हकू सिंह जीवित रहने की प्रतिज्ञा करता है।"

पन्ना ने नन्हकू को देखा। एक क्षण के लिए चारों आँखें मिलीं, जिनमें जन्म-जन्म का विश्वास ज्योति की तरह जल रहा था। फाटक बलपूर्वक खोला जा रहा था। नन्हकू ने उन्मत्त होकर कहा—"मालिक! जल्दी कीजिए।"

दूसरे क्षण पन्ना डोंगी पर थी और नन्हकू सिंह फाटक पर इस्टाकर के साथ। चेतराम ने आकर एक चिट्ठी मनियार सिंह के हाथ में दे दी। लेफ्टिनेंट ने कहा—"आपके आदमी गड़बड़ मचा रहे हैं। अब मैं अपने सिपाहियों को गोली चलाने से नहीं रोक सकता।"

"मेरे सिपाही यहाँ कहाँ हैं, साहब?"—मनियार सिंह ने हँसकर कहा। बाहर कोलाहल बढ़ने लगा।

चेतराम ने कहा—"पहले चेतसिंह को कैद कीजिए।"

"कौन ऐसी हिम्मत करता है?" कड़ककर कहते हुए बाबू मनियार सिंह ने तलवार खींच ली। अभी बात पूरी न हो सकी थी कि कुबरा मौलवी वहाँ पहुँचा! यहाँ मौलवी साहब की कलम नहीं चल सकती थी, और न ये बाहर ही जा सकते थे। उन्होंने कहा—"देखते क्या हो चेतराम!"

चेतराम ने राजा के ऊपर हाथ रखा ही था कि नन्हकू के सधे हुए हाथ ने उसकी भुजा उड़ा दी। इस्टाकर आगे बढ़े, मौलवी साहब चिल्लाने लगे। नन्हकू सिंह ने देखते-देखते इस्टाकर और उसके कई साथियों को धराशायी किया। फिर मौलवी साहब कैसे बचते!

नन्हकू सिंह ने कहा—"क्यों, उस दिन के झापड़ ने तुमको समझाया नहीं? पाजी!"—कहकर ऐसा साफ जनेवा मारा कि कुबरा ढेर हो गया। कुछ ही क्षणों में यह भीषण घटना हो गयी, जिसके लिए अभी कोई प्रस्तुत न था।

नन्हकू सिंह ने ललकारकर चेतसिंह से कहा—"आप क्या देखते हैं? उतरिये डोंगी पर!"—उसके घावों से रक्त के फुहारे छूट रहे थे। उधर फाटक से तिलंगे भीतर आने लगे थे। चेतसिंह ने खिड़की से उतरते हुए देखा कि बीसों तिलंगों की संगीनों में वह अविचल खड़ा होकर तलवार चला रहा है। नन्हकू के चट्टान-सदृश शरीर से गैरिक की तरह रक्त की धारा बह रही है। गुण्डे का एक-एक अंग कटकर वहीं गिरने लगा। वह काशी का गुण्डा था!

•

अनबोला

उसके जाल में सीपियाँ उलझ गयी थीं। जग्गैया से उसने कहा—"इसे फैलाती हूँ, तू सुलझा दे।"

जग्गैया ने कहा—"मैं क्या तेरा नौकर हूँ?"

कामैया ने तिनककर अपने खेलने का छोटा-सा जाल और भी बटोर लिया। समुद्र-तट के छोटे-से होटल के पास की गली से अपनी झोंपड़ी की ओर चली गयी।

जग्गैया उस अनखाने का सुख लेता-सा गुनगुनाकर गाता हुआ, अपनी खजूर की टोपी और भी तिरछी करके, संध्या की शीतल बालुका को पैरों से उछालने लगा।

दूसरे दिन, जब समुद्र में स्नान करने के लिए यात्री लोग आ गये थे; सिन्दूर-पिण्ड-सा सूर्य समुद्र के नील जल में स्नान कर प्राची के आकाश में ऊपर उठ रहा था; तब कामैया अपने पिता के साथ धीवरों के झुण्ड में खड़ी थी; उसके पिता की नावें समुद्र की लहरों पर उछल रही थीं। महाजाल पड़ा था, उसे बहुत-से धीवर मिलकर खींच रहे थे। जग्गैया ने आकर कामैया की पीठ में उँगली गोद दी। कामैया कुछ खिसककर दूर जा खड़ी हुई। उसने जग्गैया की ओर देखा भी नहीं।

जग्गैया की केवल माँ थी, वह कामैया के पिता के यहाँ लगी-लिपटी रहती, अपना पेट पालती थी। वह बेंत की दौरी लिए वहीं खड़ी थी। कामैया की मछलियाँ ले जाकर बाजार में बेचना उसी का काम था।

जग्गैया नटखट था। वह अपनी माँ को वहीं देखकर और हट गया; किन्तु कामैया की ओर देखकर उसने मन-ही-मन कहा—अच्छा।

महाजाल खींचकर आया। कुछ तो मछलियाँ थीं ही; पर उसमें एक भीषण समुद्री बाघ भी था। दर्शकों के झुण्ड जुट पड़े। कामैया के पिता से कहा गया उसे जाल में से निकालने के लिए, जिससे प्रकृति की उस भीषण कारीगरी को लोग भली-भाँति देख सकें।

लोभ संवरण न करके उसने समुद्री बाघ को जाल से निकाला। एक खूँटे से उसकी पूँछ बाँध दी गयी। जग्गैया की माँ अपना काम करने की धुन में जाल में से मछलियाँ पकड़कर दौरी में रख रही थी। समुद्री बाघ बालू की विस्तृत बेला में एक बार उछला। जग्गैया की माता का हाथ उसके मुँह में चला गया। कोलाहल मचा; पर बेकार! बेचारी का एक हाथ वह चबा गया।

दर्शक लोग चले गये। जग्गैया अपनी मूर्च्छित माता को उठाकर झोंपड़ी में जब ले चला, तब उसके मन में कामैया के पिता के लिए असीम क्रोध और दर्शकों के लिए घोर प्रतिहिंसा उद्वेलित हो रही थी। कामैया की आँखों से आँसू बह रहे थे। तब भी वह बोली नहीं।

कई सप्ताह से महाजाल में मछलियाँ नहीं के बराबर फँस रही थीं। चावलों की बोझाई तो बन्द थी, नावें बेकार पड़ी रहती थीं। मछलियों का व्यवसाय चल रहा था; वह भी डावाँडोल हो रहा था। किसी देवता की अकृपा है क्या?

कामैया के पिता ने रात को पूजा की। बालू की वेदियों के पास खजूर की डालियाँ गड़ी थीं। समुद्री बाघ के दाँत बिखरे थे। बोतलों में मदिरा भी पुजारियों के समीप प्रस्तुत थी। रात में समुद्र-देवता की पूजा प्रारम्भ हुई।

जग्गैया दूर—जहाँ तक समुद्र की लहरें आकर लौट जाती हैं, वहीं—बैठा हुआ चुपचाप उस अनन्त जलराशि की ओर देख रहा था, और मन में सोच रहा था—क्यों मेरे पास एक नाव न रही? मैं कितनी मछलियाँ पकड़ता; आह! फिर मेरी माता को इतना कष्ट क्यों होता। अरे! वह तो मर रही है; मेरे लिए इसी अन्धकार-सा दारिद्र्य छोड़कर। तब भी देखें, भाग्य-देवता क्या करते हैं। इसी रग्गैया की मजूरी करने से तो वह मर रही है।

उसके क्रोध का उद्वेग समुद्र-सा गर्जन करने लगा।

पूजा समाप्त करके मदिरारुण नेत्रों से घूरते हुए पुजारी ने कहा—"रग्गैया! तुम अपना भला चाहते हो, तो जग्गैया के कुटुम्ब से कोई सम्बन्ध न रखना। समझे न?"

उधर जग्गैया का क्रोध अपनी सीमा पार कर रहा था। उसकी इच्छा होती थी कि रग्गैया का गला घोंट दे किन्तु वह निर्बल बालक। उसके सामने से जैसे लहरें लौट जाती थीं, उसी तरह उसका क्रोध मूर्च्छित होकर गिरता-सा प्रत्यावर्तन करने लगा। वह दूर-ही-दूर अन्धकार में झोंपड़ी की ओर लौट रहा था।

सहसा किसी का कठोर हाथ उसके कन्धे पर पड़ा। उसने चौंककर कहा—"कौन?"

मदिरा-विह्वल कण्ठ से रग्गैया ने कहा—"तुम मेरे घर कल से न आना।"

जग्गैया वहीं बैठ गया। वह फूट-फूटकर रोना चाहता था; परन्तु अन्धकार उसका गला घोंट रहा था। दारुण क्षोभ और निराशा उसके क्रोध को उत्तेजित करती रही। उसे अपनी माता के तत्काल न मर जाने पर झुँझलाहट-सी हो रही थी। समीर अधिक शीतल हो चला। प्राची का आकाश स्पष्ट होने लगा; पर जग्गैया का अदृष्ट तमसाच्छन था।

कामैया ने धीरे-धीरे आकर जग्गैया की पीठ पर हाथ रख दिया। उसने घूमकर देखा। कामैया की आँखों में आँसू भरे थे। दोनों चुप थे।

कामैया की माता ने पुकारकर कहा—"जग्गैया! तेरी माँ मर गयी। इसको अब ले जा।"

जग्गैया धीरे-धीरे उठा और अपनी माता के शव के पास खड़ा हो गया। अब उसके मुख पर हर्ष-विषाद, सुख-दुःख कुछ भी नहीं था। उससे कोई बोलता न था और वह भी किसी से बोलना नहीं चाहता था; किन्तु कामैया भीतर-ही-भीतर फूट-फूटकर रो रही थी; पर वह बोले कैसे? उससे तो अनबोला था न!

•

देवरथ

दो-तीन रेखाएँ भाल पर, काली पुतलियों के समीप मोटी और काली बरौनियों का घेरा, घनी आपस में मिली रहने वाली भवें और नासा-पुट के नीचे हल्की-हल्की हरियाली उस तापसी के गोरे मुँह पर सबल अभिव्यक्ति की प्रेरणा प्रकट करती थी।

यौवन, काषाय से कहीं छिप सकता है? संसार को दुःखपूर्ण समझकर ही तो वह संघ की शरण में आयी थी। उसके आशापूर्ण हृदय पर कितनी ही ठोकरें लगी थीं। तब भी यौवन ने साथ न छोड़ा। भिक्षु बनकर भी वह शान्ति न पा सकी थी। वह आज अत्यन्त अधीर थी।

चैत की अमावस्या का प्रभात था। अश्वत्थ वृक्ष की मिट्टी-सी सफेद डालों और तने पर ताम्र अरुण कोमल पत्तियाँ निकल आयी थीं। उन पर प्रभात की किरणें पड़कर लोट-पोट हो जाती थीं। इतनी स्निग्ध शय्या उन्हें कहाँ मिली थी।

सुजाता सोच रही थी आज अमावस्या है। अमावस्या तो उसके हृदय में सवेरे से ही अन्धकार भर रही थी। दिन का आलोक उसके लिए नहीं के बराबर था। वह अपने विशृंखल विचारों को छोड़कर कहाँ भाग जाय। शिकारियों का झुण्ड और अकेली हिरणी! उसकी आँखें बन्द थीं।

आर्यमित्र खड़ा रहा। उसने देख लिया कि सुजाता की समाधि कभी न खुलेगी। वह मुस्कराने लगा। उसके कृत्रिम शील ने भी उसको वर्जित किया। संघ के नियमों ने उसके हृदय पर कोड़े लगाये; पर वह भिक्षु वहीं खड़ा रहा।

भीतर के अन्धकार से ऊबकर सुजाता ने आलोक के लिए आँखें खोल दीं। आर्यमित्र को देखकर आलोक की भीषणता उसकी आँखों के सामने नाचने लगी। उसने शक्ति बटोरकर कहा—"वन्दे!"

आर्यमित्र पुरुष था। भिक्षुकी का उसके सामने नत होना संघ का नियम था। आर्यमित्र ने हँसते हुए अभिवादन का उत्तर दिया, और पूछा—"सुजाता, आज तुम स्वस्थ हो?"

सुजाता उत्तर देना चाहती थी। पर...आर्यमित्र के काषाय के नवीन रंग में उसका मन उलझ रहा था। वह चाहती थी कि आर्यमित्र चला जाय; चला जाय उसकी चेतना के घेरे के बाहर। इधर वह अस्वस्थ थी, आर्यमित्र उसे औषधि देता था। संघ का वह वैद्य था। अब वह अच्छी हो गयी है। उसे आर्यमित्र की आवश्यकता नहीं। किन्तु...है तो...हृदय को उपचार की अत्यन्त आवश्यकता है। तब भी आर्यमित्र! वह क्या करे। बोलना ही पड़ा।

"हाँ, अब तो स्वस्थ हूँ।"

"अभी पथ्य सेवन करना होगा।"

"अच्छा।"

"मुझे और भी एक बात कहनी है।"

"क्या? नहीं, क्षमा कीजिए। आपने कब से प्रव्रज्या ली है?"

"वह सुनकर तुम क्या करोगे? संसार ही दुःखमय है।"

"ठीक तो...अच्छा, नमस्कार।"

आर्यमित्र चला गया; किन्तु उसके जाने से जो आन्दोलन आलोक-तरंग में उठा, उसी में सुजाता झूमने लगी थी। उसे मालूम नहीं, कब से महास्थविर उसके समीप खड़े थे।

x x x

समुद्र का कोलाहल कुछ सुनने नहीं देता था। संध्या धीरे-धीरे विस्तृत नील जल-राशि पर उतर रही थी। तरंगों पर तरंगें बिखरकर चूर हो रही थीं। सुजाता बालुका की शीतल वेदी पर बैठी हुई अपलक आँखों से उस क्षणिकता का अनुभव कर रही थी; किन्तु नीलाम्बुधि का महान संसार किसी वास्तविकता की ओर संकेत कर रहा था। सत्ता की सम्पूर्णता धुँधली संध्या में मूर्तिमान हो रही थी। सुजाता बोल उठी :

"जीवन सत्य है, संवेदन सत्य है, आत्मा के आलोक में अन्धकार कुछ नहीं है।"

"सुजाता, यह क्या कह रही हो?" पीछे से आर्यमित्र ने कहा।

"कौन, आर्यमित्र!"

"मैं भिक्षुणी क्यों हुई आर्यमित्र!"

"व्यर्थ सुजाता। मैंने अमावस्या की गम्भीर रजनी में संघ के सम्मुख पापी होना स्वीकार कर लिया है। अपने कृत्रिम शील के आवरण में सुरक्षित नहीं रह सका। मैंने महास्थविर से कह दिया कि संघमित्र का पुत्र आर्यमित्र सांसारिक विभूतियों की उपेक्षा नहीं कर सकता। कई पुरुषों की संचित महौषधियाँ, कलिंग के राजवैद्य के पद का सम्मान, सहज में छोड़ा नहीं जा सकता। मैं केवल सुजाता के लिए ही भिक्षु बना था। उसी का पता लगाने के लिए मैं इस नील विहार में आया था। वह मेरी वाग्दत्ता भावी पत्नी है।"

"किन्तु आर्यमित्र, तुमने विलम्ब किया, मैं तुम्हारी पत्नी न हो सकूँगी।" —सुजाता ने बीच में ही रोककर कहा।

"क्यों सुजाता! यह काषाय क्या शृंखला है? फेंक दो इसे। वाराणसी के स्वर्ण-खचित वसन ही तुम्हारे परिधान के लिए उपयुक्त हैं। रत्नमाला, मणि-कंकण और हेम कांची तुम्हारी कमल-कोमल अंग-लता को सजावेगी। तुम राजरानी बनोगी।"

"किन्तु..."

"किन्तु क्या सुजाता? मेरा हृदय फटा जाता है। बोलो, मैं संघ का बन्धन तोड़ चुका हूँ और तुम भी तो जीवन की, आत्मा की क्षणिकता में विश्वास नहीं करती हो?"

"किन्तु आर्यमित्र! मैं वह अमूल्य उपहार—जो स्त्रियाँ, कुलवधुएँ अपने पति के चरणों में समर्पण करती हैं—कहाँ से लाऊँगी? वह वरमाला जिसमें दूर्वा-सदृश कौमार्य हरा-भरा रहता हो, जिसमें मधूक-कुसुम-सा हृदय-रस भरा हो, कैसे कहाँ से तुम्हें पहना सकूँगी?"

"क्यों सुजाता? उसमें कौन-सी बाधा है?"—कहते-कहते आर्यमित्र का स्वर कुछ तीक्ष्ण हो गया। वह अँगूठे से बालू बिखेरने लगा।

"उसे सुनकर तुम क्या करोगे? जाओ, राज-सुख भोगो। मुझ जन्म की दुखिया के पीछे अपना आनन्दपूर्ण भविष्य-संसार नष्ट न करो, आर्यमित्र! जब तुमने संघ का बन्धन भी तोड़ दिया है, तब मुझ पामरी के मोह का बन्धन भी तोड़ डालो।"

सुजाता के वक्ष में श्वास भर रहा था।

आर्यमित्र ने निर्जन समुद्र-तट के उस मलिन सायंकाल में, सुजाता का हाथ पकड़कर तीव्र स्वर में पूछा—''सुजाता, स्पष्ट कहो, क्या तुम मुझसे प्रेम नहीं करती हो?''

''करती हूँ आर्यमित्र! इसी का दुःख है। नहीं तो भैरवी के लिए किस उपभोग की कमी है?''

आर्यमित्र ने चौंककर सुजाता का हाथ छोड़ते हुए कहा—''क्या कहा, भैरवी!''

''हाँ आर्यमित्र! मैं भैरवी हूँ, मेरी...''

आगे वह कुछ न कह सकी। आँखों से जल-बिन्दु ढुलक रहे थे, जिसमें वेदना के समुद्र ऊर्मिल हो रहे थे।

आर्यमित्र अधीर होकर सोचने लगा—'पारिवारिक पवित्र बन्धनों को तोड़कर जिस मुक्ति की—निर्वाण की—आशा में जनता दौड़ रही है, उस धर्म की यही सीमा है? यह अन्धेर—गृहस्थों का सुख न देख सकने वालों का यह निर्मम दण्ड, समाज कब तक भोगेगा?''

सहसा प्रकृतिस्थ होकर उसने कहा—''सुजाता! मेरा सिर घूम रहा है, जैसे देवरथ का चक्र, परन्तु मैं तुमको अब भी पत्नी-रूप में ग्रहण करूँगा। सुजाता, चलो।''

''किन्तु मैं तुम्हें पति-रूप में ग्रहण न कर सकूँगी। अपनी सारी लाँछना तुम्हारे साथ बाँटकर जीवन-संगिनी बनने का दुस्साहस मैं न कर सकूँगी। आर्यमित्र, मुझे क्षमा करो! मेरी वेदना रजनी से भी काली है और दुःख समुद्र से भी विस्तृत है। स्मरण है? इसी महोदधि के तट पर बैठकर, सिकता में हम लोग अपना नाम साथ-ही-साथ लिखते थे। चिर-रोदनकारी निष्ठुर समुद्र अपनी लहरों की उँगली से उसे मिटा देता था। मिट जाने दो हृदय की सिकता से प्रेम का नाम! आर्यमित्र, इस रजनी के अन्धकार में उसे विलीन हो जाने दो।''

''सुजाता''—सहसा एक कठोर स्वर सुनाई पड़ा।

दोनों ने घूमकर देखा, अन्धकार-सी भीषण मूर्ति, संघस्थविर!

x x x

उसके जीवन में परमाणु बिखर रहे थे। निशा की कालिमा में सुजाता सिर झुकाये हुए बैठी, देव-प्रतिमा की रथयात्रा का समारोह देख रही थी; किन्तु दौड़कर छिप जाने वाले मूक दृश्य के समान वह किसी को समझ न पाती थी। स्थविर ने उसके सामने आकर कहा—''सुजाता, तुमने प्रायश्चित किया?''

''किसके पाप का प्रायश्चित! तुम्हारे या अपने?''—तीव्र स्वर में सुजाता ने कहा।

''अपने और आर्यमित्र के पापों का, सुजाता! तुमने अविश्वासी हृदय से धर्मद्रोह किया है।''

''धर्मद्रोह! आश्चर्य!''

''तुम्हारा शरीर देवता को समर्पित था, सुजाता। तुमने...''

बीच ही में उसे रोककर तीव्र स्वर में सुजाता ने कहा—''चुप रहो, असत्यवादी। वज्र यानी नर-पिशाच...''

एक क्षण में इस भीषण मनुष्य की कृत्रिम शान्ति विलीन हो गयी। उसने दाँत किटकिटाकर कहा—''मृत्यु-दण्ड!''

सुजाता ने उसकी ओर देखते हुए कहा—''कठोर से भी कठोर मृत्यु-दण्ड मेरे लिए कोमल है। मेरे लिए इस स्नेहमयी धरणी पर बचा ही क्या है? स्थविर! तुम्हारा धर्मशासन घरों को चूर-चूर करके विहारों की सृष्टि करता है—कुचक्र में जीवन को फँसाता है। पवित्र गार्हस्थ्य बन्धनों को तोड़कर तुम लोग भी अपनी वासना-तृप्ति के अनुकूल हो तो एक नया घर बनाते हो, जिसका नाम बदल देते हो। तुम्हारी तृष्णा तो साधारण सरल गृहस्थों से भी तीव्र है, क्षुद्र है और निम्न कोटि की है।''

''किन्तु सुजाता, तुमको मरना होगा।''

''तो मरूँगी स्थविर; किन्तु तुम्हारा यह काल्पनिक आडम्बरपूर्ण धर्म भी मरेगा। मनुष्यता का नाश करके कोई धर्म खड़ा नहीं रह सकता!''

''कल ही!''

''हाँ, कल प्रभात में तुम देखोगे कि सुजाता कैसे मरती है!''

x x x

सुजाता मन्दिर के विशाल स्तम्भ से टिकी हुई, रात्रिव्यापी उत्सव को स्थिर दृष्टि से देखती रही। एक बार उसने धीरे से पूछा—

''देवता, यह उत्सव क्यों? क्या जीवन की यन्त्रणाओं से तुम्हारी पूजा का उपकरण संग्रह किया जाता है।''

प्रतिमा से कोई उत्तर नहीं मिला।

प्रभात की किरणें मन्दिर के शिखर पर हँसने लगीं।

देव-विग्रह ने रथ-यात्रा के लिए प्रयाण किया। जनता तुमुलनाद से जय-घोष करने लगी।

सुजाता ने देखा, पुजारियों के दल में कौशेय वसन पहने हुए आर्यमित्र भी भक्तिभाव से चला जा रहा है। उसकी इच्छा हुई कि आर्यमित्र को बुलाकर कहे कि वह उसके साथ चलने को प्रस्तुत है।

सम्पूर्ण बल से उसने पुकारा—''आर्यमित्र!''

किन्तु उस कोलाहल में कौन सुनता है? देवरथ विस्तीर्ण राज-पथ से चलने लगा। उसके दृढ़ चक्र धरणी की छाती में गहरी लीक डालते हुए आगे बढ़ने लगे। उस जन-समुद्र में सुजाता फाँद पड़ी और एक क्षण में उसका शरीर देवरथ के भीषण चक्र से पिस उठा।

रथ खड़ा हो गया। स्थविर ने स्थिर दृष्टि से सुजाता के शव को देखा। अभी वह कुछ बोलना ही चाहता था कि दर्शकों और पुजारियों का दल, ''काला पहाड़! काला पहाड़!!'' चिल्लाता हुआ इधर-उधर भागने लगा। धूलि की घटा में बरछियों की बिजलियाँ चमकने लगीं।

देव-विग्रह एकाकी धर्मोन्मत्त 'काला पहाड़' के अश्वारोहियों से घिर गया—रथ पर था देव-विग्रह और नीचे सुजाता का शव।

•

विराम-चिह्न

देव-मन्दिर के सिंहद्वार से कुछ दूर हटकर वह छोटी-सी दुकान थी। सुपारी के घने कुंज के नीचे एक मैले कपड़े के टुकड़े पर सूखी हुई धार में तीन-चार केले, चार कच्चे पपीते, दो हरे नारियल और छः अण्डे थे। मन्दिर से दर्शन करके लौटते हुए भक्त लोग दोनों पट्टी में सजी हुई हरी-भरी दुकानों को देखकर उसकी ओर ध्यान देने की आवश्यकता ही नहीं समझते थे।

अर्द्ध-नग्न वृद्धा दुकान वाली भी किसी को अपनी वस्तु लेने के लिए नहीं बुलाती थी। वह चुपचाप अपने केलों और पपीतों को देख लेती। मध्याह्न बीत चला। उसकी कोई वस्तु न बिकी। मुँह की ही नहीं, उसके शरीर पर की भी झुर्रियाँ रूखी होकर ऐंठी जा रही थीं। मूल्य देकर भात-दाल की हाँड़ियाँ लिए लोग चले जा रहे थे। मन्दिर में भगवान् के विश्राम का समय हो गया था। उन हाँड़ियों को देखकर उसकी भूखी आँखों में लालच की चमक बढ़ी, किन्तु पैसे कहाँ थे? आज तीसरा दिन था, उसे दो-एक केले खाकर बिताते हुए। उसने एक बार भूख से भगवान् की भेंट कराकर क्षणभर के लिए विश्राम पाया; किन्तु भूख की वह पतली लहर अभी दबाने में पूरी तरह समर्थ न हो सकी थी कि राधे आकर उसे गुरेरने लगा। उसने भरपेट ताड़ी पी ली थी। आँखें लाल, मुँह से बात करने में झाग निकल रहा था। हाथ नचाकर वह कहने लगा–

''सब लोग जाकर खा-पीकर सो रहे हैं। तू यहाँ बैठी हुई देवता का दर्शन कर रही है। अच्छा, तो आज भी कुछ खाने को नहीं?''

''बेटा! एक पैसे का भी नहीं बिका, क्या करूँ? अरे, तो भी तू कितनी ताड़ी पी आया है।''

''वह सामने तेरे ठाकुर दिखाई पड़ रहे हैं। तू भी पीकर देख न!''

उस समय सिंहद्वार के सामने की विस्तृत भूमि निर्जन हो रही थी। केवल

जलती हुई धूप उस पर किलोल कर रही थी। बाजार बन्द था। राधे ने देखा, दो-चार कौए काँव-काँव करते हुए सामने नारियल-कुन्ज की हरियाली में घुस रहे थे। उसे अपना ताड़ीखाना स्मरण हो आया। उसने अण्डों को बटोर लिया।

बुढ़िया 'हाँ, हाँ' करती ही रह गयी, वह चला गया। दुकान वाली ने अँगूठे और तर्जनी से दोनों आँखों का कीचड़ साफ किया, और फिर मिट्टी के पात्र से जल लेकर मुँह धोया।

बहुत सोच-विचारकर अधिक उतरा हुआ एक केला उसने छीलकर अपनी अंजली में रख उसे मन्दिर की ओर नैवेद्य लगाने के लिए बढ़ाकर आँख बन्द कर लीं। भगवान् ने उस अछूत का नैवेद्य ग्रहण किया या नहीं, कौन जाने; किन्तु बुढ़िया ने उसे प्रसाद समझकर ही ग्रहण किया।

अपनी दुकान झोली में समेटे हुए, जिस कुंज में कौए घुसे थे उसी में वह भी घुसी। पुआल से छायी हुई टट्टरों की झोंपड़ी में विश्राम लिया।

उसकी स्थावर सम्पत्ति में वही नारियल का कुंज, चार पेड़ पपीते और छोटी-सी पोखरी के किनारे पर के कुछ केले के वृक्ष थे। उसकी पोखरी में एक छोटा-सा झुण्ड बतखों का भी था, जो अण्डे देकर बुढ़िया की आय में वृद्धि करता। राधे अत्यन्त मद्यप था। उसकी स्त्री ने उसे बहुत दिन हुए छोड़ दिया था।

बुढ़िया को भगवान् का भरोसा था, उसी देव-मन्दिर के भगवान् का, जिसमें वह कभी नहीं जाने पायी थी।

अभी वह विश्राम की झपकी ही लेती थी कि महन्त जी के जमादार कुंज ने कड़े स्वर में पुकारा—"राधे, अरे रधवा, बोलता क्यों नहीं रे!"

बुढ़िया ने आकर हाथ जोड़ते हुए कहा—"क्या है महाराज?"

"सुना है कि कल तेरा लड़का कुछ अछूतों के साथ मन्दिर में घुसकर दर्शन करने जाएगा?"

"नहीं, नहीं, कौन कहता है महाराज! वह शराबी, भला मन्दिर में उसे कब से भक्ति हुई है?"

"नहीं, मैं तुझसे कहे देता हूँ, अपनी खोपड़ी सम्भालकर रखने के लिए उसे समझा देना। नहीं तो तेरी और उसकी दोनों की दुर्दशा हो जायेगी।"

राधे ने पीछे से आते हुए क्रूर स्वर में कहा—"जाऊँगा, तब तेरे बाप के भगवान् हैं! तू होता कौन है रे!"

"अरे, चुप रे राधे! ऐसा भी कोई कहता है रे। अरे, तू जाएगा, मन्दिर में? भगवान् का कोप कैसे रोकेगा रे?" बुढ़िया गिड़गिड़ाकर कहने लगी। कुंजबिहारी जमादार ने राधे की लाठी देखते ही ढीली बोल दी। उसने कहा–"जाना राधे कल, देखा जाएगा।"–जमादार धीरे-धीरे खिसकने लगा।

"अकेले-अकेले बैठकर भोग-प्रसाद खाते-खाते बच्चू लोगों को चरबी चढ़ गयी है। दर्शन नहीं रे–तेरा भात छीनकर खाऊँगा। देखूँगा, कौन रोकता है।"–राधे गुर्राने लगा। कुंज तो चला गया, बुढ़िया ने कहा–"राधे बेटा, आज तक तूने कौन-से अच्छे काम किये हैं, जिनके बल पर मन्दिर में जाने का साहस करता है? ना बेटा, यह काम कभी मत करना। अरे, ऐसा भी कोई करता है।"

"तूने भात बनाया है आज?"

"नहीं बेटा! आज तीन दिन से पैसे नहीं मिले। चावल है नहीं।"

"इन मन्दिर वालों ने अपनी जूठन भी तुझे दी?"

"मैं क्यों लेती, उन्होंने दी भी नहीं।"

"तब भी तू कहती है कि मन्दिर में हम लोग न जाएँ! जायेंगे, सब अछूत जायेंगे।"

"न बेटा, किसी ने तुझको बहका दिया है। भगवान् के पवित्र मन्दिर में हम लोग आज तक कभी नहीं गये। वहाँ जाने के लिए तपस्या करनी चाहिए।"

"हम लोग तो जाएँगे।"

"ना, ऐसा कभी न होगा।"

"होगा, फिर होगा। जाता हूँ ताड़ीखाने, वहीं पर सबकी राय से कल क्या होगा, यह देखना।"–राधे ऐंठता हुआ चला गया। बुढ़िया एकटक मन्दिर की ओर विचारने लगी–

"भगवान्, क्या होने वाला है!"

दूसरे दिन मन्दिर के द्वार पर भारी जमघट था। आस्तिक भक्तों का झुण्ड अपवित्रता से भगवान् की रक्षा करने के लिए दृढ़ होकर खड़ा था। उधर सैकड़ों अछूतों के साथ राधे मन्दिर में प्रवेश करने के लिए तत्पर था।

लट्ठ चले, सिर फूटे। राधे आगे बढ़ ही रहा था कि कुंजबिहारी ने बगल से घूमकर राधे के सिर पर करारी चोट दी। वह लहू से लथपथ वहीं लोटने लगा।

प्रवेशार्थी भागे। उनका सरदार गिर गया था। पुलिस भी पहुँच गयी थी। राधे के अन्तरंग मित्र गिनती में 10-12 थे। वे ही रह गये।

क्षण-भर के लिए वहाँ शिथिलता छा गयी थी। सहसा बुढ़िया भीड़ चीरकर वहीं पहुँच गयी। उसने राधे को रक्त में सना हुआ देखा। उसकी आँखें लहू से भर गयीं। उसने कहा—"राधे की लोथ मन्दिर में जाएगी।" वह अपने निर्बल हाथों से राधे को उठाने लगी।

उसके साथी बढ़े। मन्दिर का दल भी हुँकार करने लगा; किन्तु बुढ़िया की आँखों के सामने ठहरने का किसी को साहस न रहा। वह आगे बढ़ी; पर सिंहद्वार की देहली पर जाकर सहसा रुक गयी। उसकी आँखों की पुतली में जो मूर्ति-भंजक छाया-चित्र था, वही गलकर बहने लगा।

राधे का शव देहली के समीप रख दिया गया। बुढ़िया ने देहरी पर सिर झुकाया, पर वह सिर उठा न सकी। मन्दिर में घुसने वाले अछूतों के आगे बुढ़िया विराम-चिह्न-सी पड़ी थी।

•

सालवती

सदानीरा अपनी गम्भीर गति से, उस घने साल के जंगल में कतराकर चली जा रही है। सालों की श्यामल छाया उसके जल को और भी नीला बना रही है; परन्तु वह इस छायादान को अपनी छोटी-छोटी वीचियों से मुस्कराकर टाल देती है। उसे तो ज्योत्स्ना से खेलना है। चैत की मतवाली चाँदनी परिमल से लदी थी। उसके वैभव की यह उदारता थी कि उसकी कुछ किरणों को जंगल के किनारे की फूस की झोंपड़ी पर भी बिखरना पड़ा।

उसी झोंपड़ी के बाहर नदी के जल को पैर से छूती हुई युवती चुपचाप बैठी आकाश के दूरवर्ती नक्षत्रों को देख रही थी। उसके पास ही सत्तू का पिंड रखा था। भीतर से दुर्बल कण्ठ से किसी ने पुकारा– ''बेटी!''

परन्तु युवती तो आज एक अद्‌भुत गौरव, नारी-जीवन की सार्थकता देखकर आयी है! पुष्करिणी के भीतर से कुछ मिट्टी, रात में ढोकर बाहर फेंकने का पारिश्रमिक चुकाने के लिए, रत्नाभरणों से लदी हुई एक महालक्ष्मी बैठी थी। उसने पारिश्रमिक देते हुए पूछा–''बहन! तुम कहाँ रहती हो? कल फिर आना।'' उन शब्दों में कितना स्नेह था। वह महत्त्व! ...क्या इन नक्षत्रों से भी दूर की वस्तु नहीं? विशेषतः उसके लिए...वह तल्लीन थी। भीतर से फिर पुकार हुई।

''बेटी!...सालवती!...रात को नहा मत! सुनती नहीं!...बेटी!''

''पिताजी!'' सालवती की तन्द्रा टूटी। वह उठ खड़ी हुई। उसने देखा कि वृद्ध छड़ी टेकता हुआ झोंपड़ी के बाहर आ रहा है। वृद्ध ने सालवती की पीठ पर हाथ रखकर उसके बालों को टटोला! वे रूखे थे। वृद्ध ने सन्तोष की साँस लेकर कहा–''अच्छा है बेटी! तूने स्नान नहीं किया न! मैं तनिक सो गया था। आज तू कहाँ चली गयी थी? अरे, रात तो प्रहर से अधिक बीत चुकी। बेटी! तूने आज कुछ भोजन नहीं बनाया?''

"पिताजी! आज मैं नगर की ओर चली गयी थी। वहाँ पुष्करिणी बन रही है। उसी को देखने।"

"तभी तो बेटी! तुझे विलम्ब हो गया। अच्छा, तो बना ले कुछ। मुझे भी भूख लगी है। ज्वर तो अब नहीं है। थोड़-सा मूँग का सूप...हाँ रे! मूँग तो नहीं है! अरे, यह क्या है रे?"

"पिताजी! मैंने पुष्करिणी में से कुछ मिट्टी निकाली है। उसी का यह पारिश्रमिक है। मैं मूँग लेने ही तो गयी थी, परन्तु पुष्करिणी देखने की धुन में उसे लेना भूल गयी।"

"भूल गयी न बेटी! अच्छा हुआ; पर तूने यह क्या किया! वज्जियों के कुल में किसी बालिका ने आज तक...अरे...यह तो लज्जापिण्ड है! बेटी! इसे मैं ना खा सकूँगा। किसी कुलपुत्र के लिए इससे बढ़कर अपमान की और कोई वस्तु नहीं। इसे फोड़ तो!"

सालवती ने उसे पटककर तोड़ दिया। पिण्ड टूटते ही वैशाली की मुद्रा से अंकित एक स्वर्ण-खण्ड उसमें से निकल पड़ा। सालवती का मुँह खिल उठा, किन्तु वृद्ध ने कहा—"बेटी! इसे सदानीरा में फेंक दे।" सालवती विषाद से भरी उस स्वर्ण-खण्ड को हाथ में लिए खड़ी रही। वृद्ध ने कहा—"पागल लड़की! आज उपवास न करना होगा। तेरे मिट्टी ढोने का उचित पारिश्रमिक केवल यह सत्तू है। वह स्वर्ण का चमकीला टुकड़ा नहीं।"

"पिताजी! फिर आप?"

"मैं...? आज रात को भी ज्वर का लंघन समझूँगा! जा, यह सत्तू खाकर सदानीरा का जल पीकर सो रह!"

"पिताजी! मैं भी आज की रात बिना खाये बिता सकती हूँ; परन्तु मेरा एक सन्देह..."

"पहले उसको फेंक दे, तब मुझसे कुछ पूछ!"

सालवती ने उसे फेंक दिया। तब एक निःश्वास छोड़कर बुड्ढे ने कहना आरम्भ किया—

"आर्यों का वह दल, जो माधव के साथ ज्ञान की अग्नि मुँह में रखकर सदानीरा के इस पार पहले-पहल आया, विचारों की स्वतंत्रता का समर्थक था। कर्मकांडियों की महत्ता और उनकी पाखंडप्रियता का विरोधी वह दल, सब प्रकार की मानसिक या नैतिक पराधीनता का कट्टर शत्रु था।

जीवन पर उसने नये ढंग से विचार करना आरम्भ किया। धर्म का ढोंग उसके लिए कुछ अर्थ नहीं रखता था। वह आर्यों का दल दार्शनिक था। उसने मनुष्यों की स्वतन्त्रता का मूल्य चारों ओर से आँकना चाहा और आज गंगा के उत्तरी तट पर विदेह, वज्जि, लिच्छवि और मल्लों का जो गणतन्त्र अपनी ख्याति से सर्वोन्नत है वह उन्हीं पूर्वजों की कीर्तिलेखा है।

मैं भी उन्हीं का कुलपुत्र हूँ। मैंने भी तीर्थंकरों के मुख से आत्मवाद-अनात्मवाद के व्याख्यान सुने हैं। संघों के शास्त्रार्थ कराये हैं। उनको चातुर्मास कराया है। मैं भी दार्शनिकों में प्रसिद्ध था। बेटी! तू धवलयश की दुहिता होकर किसी की दया पर अपना जीवन निर्वाह करे, यह मैं नहीं सहन कर सकता।

बेटी, गणराज्य में जिन लोगों के पास प्रभूत धन है, उन लोगों ने निर्धन कुलीनों के निर्वाह के लिए यह गुप्तदान की प्रथा चलायी है कि अँधेरे में किसी से थोड़ा काम कराकर उसे कुछ स्वर्ण दे देना। क्या यह अनुग्रह नहीं है बेटी?''

''है तो पिताजी!''

''फिर यह कृतज्ञता और दया का भार तू उठावेगी? वही हम लोगों की सन्तान जिन्होंने देवता और स्वर्ग का भी तिरस्कार किया था, मनुष्य की पूर्णता और समता का मंगलघोष किया था, उसी की सन्तान अनुग्रह का आश्रय ले?''

''नहीं पिताजी! मैं अनुग्रह न चाहूँगी!''

''तू मेरी प्यारी बेटी है। जानती है बेटी! मैंने दार्शनिकवादों में सर्वस्व उड़ाकर अपना कौन-सा सिद्धान्त स्थिर किया है?''

''नहीं पिताजी!''

''आर्थिक पराधीनता ही संसार में दुःख का कारण है। मनुष्य को उससे मुक्ति पानी चाहिए, मेरा इसलिए उपास्य है स्वर्ण।''

''किन्तु आपका देवता कहाँ है?''

वृद्ध ठठाकर हँस पड़ा। उसने कहा—''मेरा उपास्य मेरी झोंपड़ी में है, इस सदानीरा में है; और है मेरे परिश्रम में!''

सालवती चकित् होकर देखने लगी।

वृद्ध ने कहा—''चौंक मत बेटी! मैं हिरण्यगर्भ का उपासक हूँ। देख, सदानीरा की शिलाओं में स्वर्ण की प्रचुर मात्रा है।''

''तो क्या पिताजी! तुमने इसलिए इन काले पत्थरों से झोंपड़ी भर रखी है?''—सालवती ने उत्साह से कहा।

वृद्ध ने सिर हिलाते हुए फिर अपनी झोंपड़ी में प्रवेश किया। और सालवती! उसने घूमकर लज्जापिण्ड को देखा भी नहीं। वह दरिद्रता का प्रसाद यों ही बिखरा पड़ा रहा। सालवती की आँखों के सामने चन्द्रमा सुनहला होकर सदानीरा की जलधारा को स्वर्णमयी बनाने लगा। साल के एकान्त कानन से मर-मर की ध्वनि उठती थी। सदानीरा की लहरें पुलिन से टकराकर गम्भीर कलनाद का सृजन कर रही थीं; किन्तु वह लावण्यमयी युवती अचेतन अवस्था में चुपचाप बैठी हुई वज्जियों की विदेहों की अद्भुत स्वतन्त्रता पर विचार कर रही थी। उसने झुँझलाकर कहा—"ठीक! मैं अनुग्रह नहीं चाहती। अनुग्रह लेने से मनुष्य कृतज्ञ होता है। कृतज्ञता परतन्त्र बनाती है।"

लज्जापिण्ड से मछलियों की उदरपूर्ति कराकर वह भूखी ही जाकर सो रही।

दूसरे दिन से वृद्ध शिला-खण्डों से स्वर्ण निकालता और सालवती उसे बेचकर आवश्यकता की पूर्ति करती। उसके साल-कानन में चहल-पहल रहती। अतिथि, आजीवक और अभ्यागत आते, आदर-सत्कार पाते, परन्तु यह कोई न जान सका कि यह सब कहाँ से है। वैशाली में धूम मच गयी। कुतूहल से कुलपुत्र चंचल हुए। परन्तु एक दिन धवलयश अपनी गरिमा में हँसता हुआ संसार से उठ गया।

सालवती अकेली रह गयी। उसे तो स्वर्ण का उद्गम मालूम था। वह अपनी जीवनचर्या में स्वतन्त्र बनी रही। उसका रूप और यौवन मानसिक स्वतन्त्रता के साथ सदानीरा की धारा की तरह वेगपूर्ण था।

2

वसन्त की मंजरियों से पराग बरसने लगा। किसलय के कर-पल्लव से युवकों को आमन्त्रण मिला। वैशाली के स्वतन्त्र नागरिक आमोद-प्रमोद के लिए उन्मत्त हो उठे। अशोक के लाल स्तवकों में मधुपों का मादक गुंजार नगर-प्रान्त को संगीतमय बना रहा था। तब कलशों में आसव लिए दासों के वृन्द, वसन्त-कुसुमालंकृत युवतियों के दल, कुलपुत्रों के साथ वसन्तोत्सव के लिए, वनों-उपवनों में फैल गये।

कुछ मनचले उस दूरवर्ती साल-कानन में भी पहुँचे। सदानीरा के तट पर साल की निर्जन छाया में उनकी गोष्ठी जमी। इस दल में अन्य लोगों की अपेक्षा एक विशेषता थी, कि इनके साथ कोई स्त्री न थी।

दासों ने आसन बिछा दिये। खाने-पीने की सामग्री रख दी गयी। ये लोग सम्भ्रांत कुलपुत्र थे। कुछ गम्भीर विचारक से वे युवक देव-गन्धर्व की तरह रूपवान थे। लम्बी-चौड़ी हड्डियों वाले व्यायाम से सुन्दर शरीर पर दो-एक आभूषण और काशी के बने हुए बहुमूल्य उत्तरीय, रत्न-जटित कटिबन्ध में कृपाणी। लच्छेदार बालों के ऊपर सुनहरे पतले-पटबन्ध और वसन्तोत्सव के प्रधान चिह्न-स्वरूप दूर्वा और मधूक-पुष्पों की सुरचित मालिका। उनके माँसल भुजदण्ड, कुछ-कुछ आसव-पान से अरुण नेत्र, ताम्बूलरंजित सुन्दर अधर, उस काल के भारतीय शारीरिक सौन्दर्य के आदर्श प्रतिनिधि थे।

वे बोलने से पहले थोड़ा मुस्कराते, फिर मधुर शब्दों में अपने भावों को अभिव्यक्त करते थे। गिनती में वे आठ थे। उनके रथ दूर खड़े थे। दासों ने आवश्यक वस्तु सजाकर रथों के समीप आश्रय लिया। कुलपुत्रों का पान, भोजन और विनोद चला।

एक ने कहा—''भद्र! अभिनन्द! अपनी वीणा सुनाओ।''

दूसरों ने भी इस प्रस्ताव का अनुमोदन किया। अभिनन्द के संकेत पर दास ने उसकी वीणा सामने लाकर रख दी। अभिनन्द बजाने लगा। सब आनन्द-मग्न होकर सुनने लगे।

अभिनन्द ने एक विश्राम लिया। लोगों ने 'साधु-साधु' कहकर उसे अभिनन्दित किया। सहसा अश्वों के पद-शब्द सुनाई पड़े।

सिन्धुदेश के दो धवल अश्वों पर, जिनके स्वर्णालंकार चमक रहे थे, चामर हिल रहे थे, पैरों में झाँझें मधुर शब्द कर रही थीं, दो उच्च पदाधिकारी माननीय व्यक्तियों ने वहाँ पहुँचकर उस गोष्ठी के लोगों को चंचल कर दिया।

उनके साथ के अन्य अश्वारोही रथों के समीप ही खड़े रहे, किन्तु वे दोनों गोष्ठी के समीप आ गये।

कुलपुत्रों ने एक को पहचाना। वह था उपराजा अभयकुमार। उन लोगों ने उठकर स्वागत और नमस्कार किया।

उपराजा ने अश्व पर से ही पूछा—''कुलपुत्रों की शुभकामना करते हुए मैं पूछ सकता हूँ कि क्या कुलपुत्रों की प्रसन्नता इसी में है कि वे लोग अन्य नागरिकों से अलग अपने वसन्तोत्सव का आनन्द आप ही लें?''

''उपराजा के हम लोग कृतज्ञ हैं। हम लोगों की गोष्ठी को वे प्रसन्नता से सुशोभित कर सकते हैं। हम लोग अनुगृहीत होंगे।''

"किन्तु मेरे साथ एक माननीय अतिथि हैं। पहले इनका परिचय करा दूँ?"

"बड़ी कृपा होगी।"

"ये हैं मगधराज के महामन्त्री! वैशाली का वसन्तोत्सव देखने आये हैं!"

कुलपुत्रों ने मन में सोचा–महामन्त्री चतुर है। रथ पर न चढ़कर अश्व की वल्गा उसने अपने हाथ में रखी है। विनय के साथ कुलपुत्रों ने दोनों अतिथियों को घोड़ों से उतरने में सहायता दी। दासों ने दोनों अश्वों को रथ के समीप पहुँचाया और वैशाली के उपराजा तथा मगध के महामन्त्री कुलपुत्रों के अतिथि हुए।

महामन्त्री गूढ़ राजनीतिज्ञ था। वह किसी विशेष सिद्धि के लिए वैशाली आया था। वह संस्थागार के राजकों की मनोवृत्ति का गम्भीर अध्ययन कर रहा था। उनकी एक-एक बातों, आचरणों और विनयों को वह तीव्र दृष्टि से देखता। उसने पूछा–"कुलपुत्रों से मैं एक बात पूछूँ, यदि वे मुझे प्रसन्नता से ऐसी आज्ञा दें?"

अभिनन्द ने कहा–"अपने माननीय अतिथि को यदि हम लोग प्रसन्न कर सकें, तो अनुगृहीत होंगे।"

"वैशाली के 7707 राजकों में आप लोग भी हैं। फिर आपके उत्सव में वैराग्य क्यों? अन्य नागरिकों से आप लोगों का उत्सव विभिन्न क्यों है? आपकी गोष्ठी में ललनाएँ नहीं! वह उल्लास नहीं, परिहास नहीं, आनन्द-उमंग नहीं। सबसे दूर अलग, संगीत आपानक से शून्य आपकी गोष्ठी विलक्षण है।"

अभयकुमार ने सोचा, कि कुलपुत्र इस प्रश्न को अपमान न समझ लें। कहीं कड़वा उत्तर न दे दें। उसने कहा–"महामन्त्री! यह जानकर प्रसन्न होंगे, कि वैशाली गणतन्त्र के कुलपुत्र अपनी विशेषताओं और व्यक्तित्व को सदैव स्वतन्त्र रखते हैं।"

अभिनन्द ने कहा–"और भी एक बात है। हम लोग आठ स्वतन्त्र तीर्थंकरों के अनुयायी हैं और परस्पर मित्र हैं। हम लोगों ने साधारण नागरिकों से असमान उत्सव मनाने का निश्चय किया था। मैं तो तीर्थंकर पूरण कश्यप के सिद्धान्त अक्रियवाद को मानता हूँ। यज्ञ आदि कर्मों में न पुण्य है, न पाप। मनुष्य को इन पचड़ों में न पड़ना चाहिए।"

दूसरे ने कहा–"आर्य, मेरा नाम सुभद्र है। मैं यह मानता हूँ कि मृत्यु के साथ ही सब झगड़ों का अन्त हो जाता है।"

तीसरे ने कहा—"मेरा नाम वसंतक है। मैं संजय वेलठिपुत्त का अनुयायी हूँ। जीवन में हम उन्हीं बातों को जानते हैं, जिनका प्रत्यक्ष सम्बन्ध हमारे संवेदनों से है। हम किसी अनुभवातीत वस्तु को नहीं जान सकते।"

चौथे ने कहा—"मेरा नाम मणिकण्ठ है। मैं तीर्थंकर प्रबुध कात्यायन का अनुगत हूँ। मैं समझता हूँ कि मनुष्य कोई सुनिश्चित वस्तु को ग्रहण नहीं कर सकता। कोई सिद्धान्त स्थिर नहीं कर सकता।"

पाँचवें ने कहा—"मैं आनन्द हूँ, आर्य! तीर्थंकर मस्करी गोशाल के नियतिवाद में मेरा पूर्ण विश्वास है। मनुष्य को कर्म करने की स्वतन्त्रता नहीं। उसके लिए जो कुछ होना है वह होकर ही रहेगा। वह अपनी ही गति से गन्तव्य स्थान तक पहुँच जाएगा।"

छठे ने कहा—"मैं तीर्थंकर नाथ-पुत्र का अन्तेवासी हूँ। मैं कहता हूँ, कि वस्तु है भी, नहीं भी है। दोनों हो सकती है।"

सातवें ने कहा—"मैं तीर्थंकर गौतम का अनुयायी सुमंगल हूँ, किसी वास्तविक सत्ता में विश्वास ही नहीं करता। आत्मन् जैसा कोई पदार्थ ही नहीं है।"

आठवें ने किंचित मुस्कराकर कहा—"आर्य! मैं मैत्रायण विदेहों के सुनिश्चित आत्मवाद का मानने वाला हूँ। ये जितनी भावनाएँ हैं, सबका उद्‌गम आत्मन् ही है।"

अभिनन्द ने कहा—"तब हम लोगों की विलक्षणता पर महामन्त्री को आश्चर्य होना स्वाभाविक है।"

अभय कुमार कुछ प्रकृतिस्थ हो रहा था। उसने देखा कि महामन्त्री बड़े कुतूहल और मनोनिवेश से कुलपुत्रों का परिचय सुन रहा है। महामन्त्री ने कुछ व्यंग्य से कहा—"आश्चर्य है! माननीय कुलपुत्रों ने अपने विभिन्न विचारों का परिचय देकर मुझे तो चकित् कर दिया है। तब आप लोगों का कोई एक मन्तव्य नहीं हो सकता।"

"क्यों नहीं, वज्जियों का एक तो स्थिर सिद्धान्त है ही। अर्थात् हम लोग वज्जिसंघ के सदस्य हैं। राष्ट्रनीति में हम लोगों का मतभेद तीव्र नहीं होता।" कुलपुत्रों को चुप देखकर किसी ने साल के अन्तराल से सुकोमल कण्ठ से यह कहा और नदी की ओर चली गयी।

उन लोगों की आँखें उधर उस कहने वाले को खोज रही थीं कि सामने

से कलश लिए हुए सालवती सदानीरा का जल भरने के लिए आती दिखलाई पड़ी।

मगध के महामन्त्री को उस रूप-लावण्यमयी युवती का यह उत्तर थप्पड़-सा लगा। उसने कहा–"अद्‌भुत!"

प्रसन्नता से महामन्त्री की विमूढ़ता का आनन्द लेते हुए अभय कुमार ने कहा–"आश्चर्य कैसा आर्य?"

"ऐसा सौन्दर्य तो मगध में मैंने कोई देखा ही नहीं। वज्जियों का संघ सब विभूतियों से सम्पन्न है। अम्बापाली, जिसके रूप पर हम लोगों को गर्व है, इस लावण्य के सामने तुच्छ है। और इसकी वाक्‌पटुता भी...।"

"किन्तु मैंने सुना है कि अम्बापाली वेश्या है। और यह तो?" इतना कहकर अभय कुमार रुक-सा गया।

महामन्त्री ने गम्भीरता से कहा–"तब यह भी कोई कुलवधू होगी! मुझे क्षमा कीजिए।"

"यह तो पूछने से मालूम होगा!"

क्षण-भर के लिए सब चुप हो गये थे। सालवती अपना पूर्ण घट लेकर करारे पर चढ़ रही थी। अभिनन्द ने कहा–"कल्याणी! हम लोग आपका परिचय पाने के लिए उत्सुक हैं।"

"स्वर्गीय कुलपुत्र आर्य धवलयश की दुहिता सालवती के परिचय में कोई विचित्रता नहीं है!" सालवती ने गम्भीरता से कहा–वह दुर्बल कटि पर पूर्ण कलश लिंए कुछ रुक-सी गयी थी।

मैत्रायण ने कहा–"धन्य है कुलपुत्रों का वंश! आज हम लोगों का प्रतिनिधि बनकर जो उचित उत्तर आपने मगध के माननीय महामन्त्री को दिया है, वह कुलीनता के अनुरूप ही है। हम लोगों का साधुवाद ग्रहण कीजिए!"

"क्या कहूँ आर्य! मैं उतनी सम्पन्न नहीं हूँ कि आप जैसे माननीय अतिथियों का स्वागत-सत्कार कर सकूँ। फिर भी जल-फल-फूल से मैं दरिद्र भी नहीं। मेरे साल-कानन में आने के लिए मैं आप लोगों का हार्दिक स्वागत करती हूँ। जो आज्ञा हो मैं सेवा करूँ।"

"शुभे, हम लोगों को किसी वस्तु की आवश्यकता नहीं। हम लोग आपकी उदारता के लिए कृतज्ञ हैं।" अभिनन्द ने कहा।

"किन्तु मैं एक प्रार्थना करूँगा।" महामन्त्री ने सविनय कहा।

"आज्ञा दीजिए।"

"यदि आप अन्यथा न समझें।"

"कहिए भी।"

"अभिनन्द के हाथ में वीणा है। एक सुन्दर आलाप की पूर्ति कैसे होगी?" धृष्ट महामन्त्री ने कहा।

"मुझे तो संगीत की वैसी शिक्षा नहीं मिली जिससे आप प्रसन्न होंगे। फिर भी कलश रखकर आती हूँ।" निस्संकोच भाव से कहकर सालवती चली गयी। सब चकित् थे।

बेंत से बुनी हुई डाली में थोड़े-से फल लिए हुए सालवती आयी। और आसन के एक भाग में वह बैठ गयी। कुलपुत्रों ने फल चखे और थोड़ी मात्रा में आसव भी। अभिनन्द ने वीणा उठा ली। अभय कुमार प्यासी आँखों से उस सौन्दर्य को देख रहा था। सालवती ने अपने गोत्र की छाप से अंकित अपने पिता से सीखा हुआ पद मधुर स्वर में गाना आरम्भ किया। श्रोता मुग्ध थे। उस संगीत का विषय था—जंगल, उसमें विचरने की प्राकृतिक स्वतन्त्रता। वह अकृत्रिम संगीत किसी डाल पर बैठी हुई कोकिल के गान से भी विलक्षण था। सब मुग्ध थे। संगीत समाप्त हुआ, किन्तु उसका स्वर-मण्डल अभी उस प्रदेश को अपनी माया से आच्छन्न किये था। सालवती उठ खड़ी हुई। अभय कुमार ने एक क्षण में अपने गले से मुक्ता की एकावली निकालकर अंजलि में ले ली और कहा—"देवि, यह उपहार है।" सालवती ने गम्भीर भाव से सिर झुकाकर कहा—"बड़ी कृपा है; किन्तु मैं किसी के अनुग्रह का दान नहीं ग्रहण करती।" और वह चली भी गयी।

सब लोगों ने आश्चर्य से एक-दूसरे को देखा।

3

अभय कुमार को उस रात्रि में निद्रा नहीं आयी। वह सालवती का चित्र अपनी पुतलियों पर बनाता रहा। प्रणय का जीवन अपने छोटे-छोटे क्षणों में भी बहुत दीर्घजीवी होता है। रात किसी तरह कटी। अभय कुमार वास्तव में कुमार था और था वैशाली का उपराजा। नगर के उत्सव का प्रबन्ध उसी के हाथ में

था। दूसरा प्रभात अपनी तृष्णा से लाल हो रहा था। अभय के हृदय में निदारुण अपमान भी चुभ रहा था, और चुभ रहा था उन दार्शनिक कुलपुत्रों का सव्यंग्य परिहास, जो सालवती के अनुग्रह न लेने पर उसकी स्वतन्त्रता की विजय समझकर और भी तीव्र हो उठा था।

उन कुलपुत्रों की गोष्ठी उसी साल-कानन में जमी रही। अभी उन लोगों ने स्नान आदि से निवृत्त होकर भोजन भी नहीं किया था कि दूर से तूर्यनाद सुनाई पड़ा। साथ में एक राजपुरुष उच्च कण्ठ से पुकारता था—''आज अनंग-पूजा के लिए वज्जियों के संघ में से सबसे सुन्दरी कुमारी चुनी जाएगी। जिसको चुनाव में आना हो, संस्थागार में एक प्रहर के भीतर आ जाय!''

अभिनन्द उछल पड़ा। उसने कहा—''मैत्रायण! सालवती को लिवा ले चलना चाहिए। ऐसा न हो कि वैशाली के सबसे उत्तम सौन्दर्य का अपमान हो जाय।''

''किन्तु वह अभिमानिनी चलेगी?''

''यही तो विकट प्रश्न है।''

''हम सब चलकर प्रार्थना करें।'

''तो चलो।''

सब अपना दुकूल सम्भालते हुए सालवती की झोंपड़ी की ओर चल पड़े। सालवती अपना नियमित भोज्य चावल बना रही थी। उसके पास थोड़ा दूध और फल रखा था। उसने इन लोगों को आते देखकर सहज प्रसन्नता से मुस्कराकर कहा—''स्वागत! माननीय कुलपुत्रों को आतिथ्य ग्रहण करने के लिए मैं निमंत्रित करती हूँ।'' उसने एक शुभ्र कम्बल बिछा दिया।

युवकों ने बैठते हुए कहा—

''किन्तु हम लोग भी एक निमन्त्रण देने आये हैं।''

सालवती कुछ सोचने लगी।

''हम लोगों की प्रार्थना अनुचित न होगी।'' आनन्द ने कहा।

''कहिए।''

''वैशाली के नागरिकों ने एक नया निर्णय लिया है—कि इस बार वसन्तोत्सव की अनंगपूजा वज्जिराष्ट्र की सर्वश्रेष्ठ सुन्दरी के हाथों से करायी जाय। इसके लिए संस्थागार में चुनाव होगा।''

''तो इसमें क्या मैं परिवर्तन कर सकती हूँ?'' सालवती ने सरलता से पूछा।

"नहीं शुभे! आपको भी इसमें भाग लेना होगा। हम लोग आपको संस्थागार में ले चलेंगे, और पूर्ण विश्वास है कि हम लोगों का पक्ष विजयी होगा।"

"किन्तु क्या आप लोगों का यह मुझ पर अनुग्रह न होगा, जिसे मैं कदापि न ग्रहण करूँगी।"

"नहीं भद्रे! यदि मेरे प्रस्ताव को बहुमत मिला, तो क्या हम लोगों की विजय न होगी, और तब क्या हमीं लोग आपके अनुगृहीत न होंगे?"

सालवती कुछ चुप-सी हो गयी।

मैत्रायण ने फिर कहा—"विचारों की स्वतन्त्रता इसी में है कि वे स्पष्ट रूप से प्रचारित किये जाएँ, न कि वे सत्य होते हुए भी दबा दिये जायँ।"

सालवती इस सम्मान से अपने हृदय को अछूता न रख सकी। स्त्री के लिए उसके सौन्दर्य की प्रशंसा! कितनी बड़ी विजय है। उसने व्रीड़ा से कहा—"तो क्या मुझे चलना ही होगा?"

"यह हम लोगों के लिए अत्यन्त ही प्रिय सन्देश है। आनन्द, तुम रथों को यहीं ले आओ, और मैं समझता हूँ कि सौन्दर्य-लक्ष्मी तुम्हारे रथ पर ही चलेंगी। तुम होगे उस रथ के सारथि।"

आनन्द सुनते ही उछल पड़ा। उसने कहा—"एक बात और भी।"

सालवती ने प्रश्न करने वाली आँखों से देखा।

आनन्द ने कहा—"सौन्दर्य का प्रसाधन!"

"मुझे कुछ नहीं चाहिए। मैं यों-ही चलूँगी और कुलपुत्रों के निर्णय की मैं भी परीक्षा करूँगी। कहीं वे भ्रम में तो नहीं हैं।"

थोड़ा जलपान करके सब लोग प्रस्तुत हो गए। तब सालवती ने कहा—"आप लोग चलें, मैं अभी आती हूँ।"

कुलपुत्र चले गये।

सालवती ने एक नवीन कौशेय पहना, जूड़े में फूलों की माला लगायी और रथ के समीप जा पहुँची।

सारथी को हटाकर आनन्द अपना रथ स्वयं हाँकने लगा। उस पर बैठी थी सालवती। पीछे उसके कुलपुत्रों के सात रथ थे। जब वे संस्थागार के राजपथ पर अग्रसर हो रहे थे तब भीड़ में आनन्द और आश्चर्य के शब्द सुनाई पड़े, सुन्दरियों का मुख अवनत हुआ। इन कुलपुत्रों को देखकर राजा ने पूछा—"मेरे माननीय दार्शनिक कुलपुत्रों ने यह रत्न कहाँ पाया?"

“कल्याणी सालवती कुलपुत्र धवलयश की एकमात्र दुहिता हैं।”

“मुझे आश्चर्य है कि किसी कुलपुत्र ने अब तक इस कन्यारत्न के परिणय की प्रार्थना क्यों नहीं की? अच्छा तो क्या मत लेने की आवश्यकता है?” राजा ने गम्भीर स्वर में पूछा।

“नहीं, नहीं, सालवती वज्जिराष्ट्र की सर्वश्रेष्ठ कुमारी सुन्दरी है।” जनता का तुमुल शब्द सुनाई पड़ा।

राजा ने तीन बार इसी तरह प्रश्न किया। सबका उत्तर वही था। सालवती निर्विवाद विजयिनी हुई। तब अभय कुमार के संकेत पर पच्चीसों दास, थालों में रत्नों के अलंकार, काशी के बहुमूल्य कौशेय, अंगराग, ताम्बूल और कुसुम-मालिकाएँ लेकर उपस्थित हुए।

अभय कुमार ने खड़े होकर संघ से प्रार्थना की—“मैं इस कुलकुमारी के पाणि-पीड़न का प्रार्थी हूँ। कन्या के पिता नहीं हैं, इसलिए संघ मुझे अनुमति प्रदान करे।”

सालवती के मुँह पर भय और रोष की रेखाएँ नाचने लगीं। वह प्रतिवाद करने जा रही थी कि मगध के महामन्त्री के समीप बैठा हुआ मणिधर उठ खड़ा हुआ। उसने तीव्र कण्ठ से कहा—“मेरी एक विज्ञप्ति है, यदि संघ प्रसन्नता से सुने।” यह अभय का प्रतिद्वन्द्वी सेनापति मणिधर उपराजा बनने का इच्छुक था। सब लोग किसी आशंका से उसकी ओर देखने लगे।

राजा से बोलने की आज्ञा पाकर उसने कहा—“आज तक हम लोग कुलपुत्रों की समता का स्वप्न देखते हैं। उनके अधिकार ने, सम्पत्ति और स्वार्थों की समानता की रक्षा की है। तब क्या उचित होगा कि यह सर्वश्रेष्ठ सौन्दर्य किसी के अधिकार में दे दिया जाय? मैं चाहता हूँ कि राष्ट्र सुन्दरी को स्वतन्त्र रहने दे और वह अनंग की पुजारिन अपनी इच्छा से अपनी एक रात्रि की दक्षिणा 100 स्वर्ण-मुद्राएँ लिया करे।”

सालवती विपत्ति में पड़ गयी। उसने अपने दार्शनिक कुलपुत्रों की ओर रक्षा पाने के विचार से देखा। किन्तु उन लोगों ने घटना के इस आकस्मिक् परिवर्तन को सोचा भी न था। इधर समानता का सिद्धान्त। संस्थागार में हलचल मच गयी। राजा ने इस विज्ञप्ति पर मत लेना आवश्यक समझा। शलाकाएँ बँटीं। गणपूरक अपने कार्य में लगा। और सालवती प्रार्थना करने जा रही थी कि “मुझे इस उपद्रव से छुट्टी मिले।”

किन्तु समानता और प्रजातन्त्र के सिद्धान्तों की लगन! कौन सुनता है किसकी? उधर एक व्यक्ति ने कहा—''हम लोग भी अम्बापाली के सामने ही क्या वज्जिराष्ट्र में एक सौन्दर्य-प्रतिमा नहीं स्थापित कर सकते, जिससे अन्य देशों का धन इस राष्ट्र में आवे।'' अभय कुमार हतबुद्धि-सा क्षोभ और रोष से काँप रहा था।

उसने तीव्र दृष्टि से मगध के महामन्त्री की ओर देखा। मन्त्री ने मुस्करा दिया। गणपूरक ने विज्ञप्ति के पक्ष में बहुमत की घोषणा की। राजा ने विज्ञप्ति पर स्वीकृति दी।

जब मत लिया जा रहा था, तब सालवती के मन की अवस्था बड़ी विचित्र हो रही थी। कभी तो वह सोचती थी—'पिता हिरण्य के उपासक थे। स्वर्ण ही संसार का प्रभु है—स्वतन्त्रता का बीज है। वही 100 स्वर्ण-मुद्राएँ उसकी दक्षिणा हैं और अनुग्रह करेगी वही। तिस पर इतनी संवर्धना! इतना आदर? दूसरे क्षण उसके मन में यह बात खटकने लगती कि वह कितनी दयनीया है, जो कुलवधू का अधिकार उसके हाथ से छीन लिया गया और उसने ही तो अभय का अपमान किया था। किसलिए? अनुग्रह न लेने का अभिमान! तो क्या मनुष्य को प्रायः वही करना पड़ता है, जिसे वह नहीं चाहता? उसी ने मगध के महामन्त्री के सामने प्रजातन्त्र का उत्कर्ष बताया था। वही एक मगध का प्रतिनिधि यहाँ बैठा है। तब बहुमत की जय हो।' वह विरोध करना चाहती थी, परन्तु कर न सकी।

उसने आनन्द के नियतिवाद का एक बार मन में स्मरण किया, और गन्तव्य पथ पर वेग से चली।

तब सालवती को घेरकर कुलपुत्रों ने आनन्द से उसका जयघोष किया। देखते-देखते सालवती के चरणों में उपहार के ढेर लग गये। वह रथ पर अनंगपूजा के स्थान पर चली—ठीक जैसे अपराधी वधस्थल की ओर! उसके पीछे सहस्रों रथों और घोड़ों पर कुलपुत्र, फिर जनःस्रोत। सब आज अपने गणतन्त्र के सिद्धान्त की विजय पर उन्मत्त थे।

अभय कुमार जड़-सा वहीं खड़ा रहा। जब संस्थागार से निकलने के लिए मन्त्री उसके पास आया, तब अभय का हाथ दबाकर उसने कहा—''उपराजा प्रसन्न हों...''

''महामन्त्री! तुम्हारी कूटनीति सफल हुई।''—कहकर अभय ने क्षोभ से उसकी ओर देखा।

"आप लोगों का राष्ट्र सचमुच स्वतन्त्रता और समानता का उपासक है। मैं साधुवाद देता हूँ।"

दोनों अपने रथों पर चढ़कर चले गये।

4

सालवती, वैशाली की अप्सरा सालवती, अपने विभव और सौन्दर्य में अद्वितीय थी। उसके प्रमुख उपासक थे वैशाली के सेनापति मणिधर। सम्पत्ति का स्रोत उस सौन्दर्य-सरोवर में आकर भर रहा था। वहाँ अनेक कुलपुत्र आये, नहीं आया तो एक अभय कुमार।

और सालवती का मान जैसे अभय कुमार को पदावनत किये बिना कुचला जा रहा था। वह उस दिन की एकावली पर आज अपना पूरा अधिकार समझती थी, किन्तु वह अब कहाँ मिलने की।

उसका हृदय तीव्र भावों से भर गया था। आज वह चिंतामग्न थी। मगध का युद्ध वैशाली में भयानक समाचार भेज रहा था। मगध की पूर्ण विजय के साथ यह भी समाचार मिला कि सेनापति मणिधर उस युद्ध में मारे गये। वैशाली में रोष और उत्साह छा गया। नयी सेना का संचालन करने के लिए आज संस्थागार में चुनाव होने वाला है। नगर की मुख्य महिलाएँ कुमारियाँ उस सेनापति का अभिनन्दन करने के लिए पुष्परथों पर चढ़कर चली जा रही हैं। उसे भी जाना चाहिए, क्या मणिधर के लिए दुखी होना मानसिक परतन्त्रता का चिह्न है, जिसे वह कभी स्वीकार न करेगी। वह भी उठी। आज उसके शृंगार का क्या कहना है। जिसके अभिमान पर वह जी रही थी, वही उसका सौन्दर्य कितने आदर और प्रदर्शन की वस्तु है। उसे सब प्रकार से सजाकर मणियों के झिलमिल में पुष्पों से सजे हुए रथ पर चढ़कर सालवती संस्थागार की ओर चली। कुछ मनचले नवयुवकों का जयघोष विरोध के स्वर में लुप्त हो गया। वह पीली पड़ गयी।

साधारण नागरिकों ने चिल्लाकर कहा—"इसी के संसर्ग-दोष से सेनापति मणिधर की पराजय हुई।"

एक ने कहा—"यह मणिधर की काल-भुजंगिनी है।" दूसरे ने कहा—"यह वैशाली का अभिशाप है।" तीसरे ने कहा—"यह विचार-स्वातन्त्र्य के समुद्र का

हलाहल है।'' सालवती ने सारथी से कहा—''रथ फेर दो।'' किन्तु दूसरी ओर से अपार जनसमूह आ रहा था। बाध्य होकर सालवती को राजपथ में एक ओर रुकना पड़ा।

तूर्यनाद समीप आ रहा था। सैनिकों के शिरस्त्राण और भाले चमकने लगे। भालों के फलक उन्नत थे। और उनसे भी उन्नत थे उन वीरों के मस्तक, जो स्वदेश की स्वतन्त्रता के लिए प्राण देने जा रहे थे। उस वीर-वाहिनी के आगे सिन्धुदेश के शुभ्र अश्वराज पर अभय कुमार आरूढ़ था। उसके मस्तक पर सेनापति का स्वर्णपट्ट सुशोभित था। दाहिनी भुजा उठी हुई थी, जिसमें नग्न खंग सारी जनता को अभिवादन कर रहा था और वीरों को रण-निमन्त्रण दे रही थी उसके मुख पर की सहज मुस्कान।

फूलों की वर्षा हो रही थी। ''वज्जियों की जय'' के रणनाद से वायुमण्डल गूँज रहा था। उस वीरश्री को देखने, उसका आदर करने के लिए कौन नहीं उत्सुक था। सालवती भी अपने रथ पर खड़ी हो गयी थी। उसने भी एक सुरचित माला लक्ष्य साधकर फेंकी और वह उस खंग से जाकर लिपट गयी।

जनता तो भावोन्माद की अनुचरी है। सैकड़ों कण्ठ से 'साधु' की ध्वनि निकली। अभय ने फेंकने वाली को देखा। दोनों के नेत्र मिले। सालवती की आँखें नीचे हो रहीं। और अभय! तन्द्रालय-जैसा हो गया, निश्चेष्ट। उसकी तन्द्रा तब टूटी जब नवीन अश्वारोहियों का दल चतुष्पथ पर उसके स्वागत पर वीर गर्जन कर उठा। अभय कुमार ने देखा, वे आठों दार्शनिक कुलपुत्र एक-एक गुल्म के नायक हैं, उसका मन उत्साह से भर उठा। उसने क्षण-भर में निश्चय किया कि जिस देश के दार्शनिक भी अस्त्र ग्रहण कर सकते हैं, वह पराजित नहीं होगा।

अभय कुमार ने उच्च कण्ठ से कहा—''कुलपुत्रों की जय!''

''सेनापति अभयकुमार की जय!''—कुलपुत्रों ने प्रत्युत्तर दिया।

''वज्जियों की जय!''—जनता ने जयनाद किया।

वीर-सेना युद्ध-क्षेत्र की ओर चली और सालवती दीन-मलिन अपने उपवन को लौटी। उसने सब शृंगार उतारकर फेंक दिये। आज वह सबसे अधिक तिरस्कृत थी। वह धरणी में लोटने लगी। वसुधा पर सुकुमार यौवनलता-सी वह जैसे निरवलम्ब पड़ी थी।

आज जैसे उसने यह अनुभव किया कि नारी का अभिमान अकिंचन है। वह मुग्धा विलासिनी, अभी-अभी संसार के सामने अपने अस्तित्व को मिथ्या, माया, सारहीन समझकर आयी थी। वह अपने सुवासित अलकों को बिखराकर उसी में अपना मुँह छिपाये पड़ी थी। नीला उसकी मुँहलगी दासी थी। और वह वास्तव में सालवती को प्यार करती थी। उसने पास बैठकर धीरे-धीरे उसके बालों को हटाया, आँसू पोंछे, गोद में सिर रख लिया। सालवती ने प्रलय-भरी आँखों से उसकी ओर देखा। नीला ने मधुर स्वर से कहा—"स्वामिनी! यह शोक क्यों?"

सालवती चुप रही।

"स्वामिनी! शय्या पर चलो। इससे तो और भी कष्ट बढ़ने की सम्भावना है।"

"कष्ट! नीले! मुझे सुख ही कब मिला था?"

"किन्तु आपके शरीर के भीतर एक अन्य प्राणी की जो सृष्टि हो रही है, उसे तो सम्भालना ही होगा।"

सालवती जैसे नक्षत्र की तरह आकाश से गिर पड़ी। उसने कहा—"कहती क्या है?"

नीला हँसकर बोली—"स्वामिनी! अभी आपको अनुभव नहीं है। मैं जानती हूँ। यह मेरा मिथ्या प्रलोभन नहीं।"

सालवती सब तरह से लुट गयी। नीला ने उसे शय्या पर लिटा दिया। उसने कहा—"नीले! आज से मेरे सामने कोई न आवे, मैं किसी को मुँह नहीं दिखाना चाहती। बस, केवल तुम मेरे पास बनी रहो।"

सुकोमल शय्या पर सालवती ने करवट ली। सहसा उसके सामने मणिधर का वह पत्र आया जिसे उसने रणक्षेत्र से भेजा था। उसने उठाकर पढ़ना आरम्भ किया : "वैशाली की सौन्दर्य-लक्ष्मी!" वह वहीं रुक गयी। सोचने लगी। मणिधर कितना मिथ्यावादी था। उसने एक कल्पित सत्य को साकार बना दिया। वैशाली में जो कभी न था, उसने मुझे वही रूपाजीवा बनाकर क्या राष्ट्र का अनिष्ट नहीं किया!...अवश्य...देखो आगे लिखता है—"मेरा मन युद्ध में नहीं लगता है।" लगता कैसे? रूप-ज्वाला के शलभ! तुझे तो जल-मरना था। तो उसे अपराध का दण्ड मिला। और स्वतन्त्रता के नाम जो भ्रम का सृजन कर रही थी, उसका क्या हुआ! मैं सालवन की विहंगिनी! आज मेरा सौन्दर्य कहाँ है? और फिर प्रसव के बाद क्या होगा?

वह रोती रही।

सालवती के जीवन में रुदन का राज्य था। जितना ही वह अपनी स्वतन्त्रता पर पहले सहसा प्रसन्न हो रही थी, उतना ही उस मानिनी का जीवन दुःखपूर्ण हो गया।

वह गर्भवती थी।

उपवन से बाहर न निकलती थी और न तो कोई भीतर आने पाता। सालवती ने अपने को बन्दी बना लिया।

कई महीने बीत गये। फिर से मधुमास आया। पर सालवती का वसन्त जैसे सदा के लिए चला गया था। उसने उपवन की प्राचीर में से सुना जैसे कोई तूर्यनाद के साथ पुकार रहा है—"वज्जियों की सर्वश्रेष्ठ सुन्दरी अनंगपूजा..." आगे वह कुछ न सुन सकी। वह रोष से मूर्च्छित थी। विषाद से उसकी प्रसव-पीड़ा भयानक हो रही थी। नीला ने उपचार किया। वैद्य के प्रयत्न से उस रात्रि में सालवती को एक सुन्दर-सी सन्तान हुई।

सालवती ने अपने यौवन-वन के कुठार को देखा। द्वन्द्व से वह तड़पने लगी, मोह को मान से पराजित किया। उसने कोमल फूलों की टोकरी में अच्छे वस्त्रों में लपेटकर उस सुकुमार शिशु को एक ओर गोधूलि की शीतल छाया में रखवा दिया। वैद्य का मुँह सोने से बन्द कर दिया गया।

उसी दिन सालवती अपने सुविशाल भवन में लौट आयी।

और उसी दिन अभय कुमार विजयी होकर अपने पथ से लौट रहा था। तब उसे एक सुन्दर शिशु मिला। अभय उसे अपने साथ ले आया।

प्रतियोगिता का दिन था। सालवती का सौन्दर्य-दर्प जागरूक हो गया था। उसने द्राक्षासव का घूँट लेकर मुकुर में अपनी प्रतिच्छाया देखी। उसको जैसे अकारण सन्देह हुआ कि उसकी फूलों की ऋतु बीत चली। वह अपमान से भयभीत होकर बैठ रही।

वैशाली विजय का उत्सव मना रही थी। उधर वसन्त का भी समारोह था। सालवती को सब लोग भूल गये। और अभय कुमार! वह कदाचित नहीं भूला—कुछ-कुछ क्रोध से, कुछ विषाद से, और कुछ स्नेह से। संस्थागार में चुनाव की भीड़ थी। उसमें जो सुन्दरी चुनी गयी, वह निर्विवाद नहीं चुनी जा सकी। अभयकुमार ने विरोध किया। आठों कुलपुत्रों ने उसका साथ देते हुए कहा—"जो

अनुपम सौन्दर्य नहीं, उसे वेश्या बनाना सौन्दर्य-बोध का अपमान करना है।'' किन्तु बहुमत का शासन! चुनाव हो ही गया। वैशाली को अब वेश्याओं की अधिक आवश्यकता थी।

सालवती ने सब समाचार अपनी शय्या पर लेटे-लेटे सुना। वह हँस पड़ी! उसने नीला से कहा—''नीले! मेरे स्वर्ण-भण्डार में कमी तो नहीं है?''

''नहीं स्वामिनी!''

''इसका ध्यान रखना! मुझे आर्थिक परतन्त्रता न भोगनी पड़े।''

''इसकी सम्भावना नहीं। आप निश्चिन्त रहें।''

किन्तु सालवती! हाँ, वह स्वतन्त्र थी, एक कंगाल की तरह, जिसके पास कोई अधिकार, नियंत्रण अपने पर भी नहीं—दूसरे पर भी नहीं। ऐसे आठ वसन्त बीत गये।

5

अभय कुमार अपने उद्यान में बैठा था। एक शुभ्र शिला पर उसकी वीणा रखी थी। दो दास उसके सुगठित शरीर में सुगन्धित तेल मर्दन कर रहे थे। सामने मंच पर एक सुन्दर बालक अपनी क्रीड़ा-सामग्री लिए व्यस्त था। अभय अपनी बनायी हुई कविता गुनगुना रहा था। वह बालक की अकृत्रिम हँसी पर लिखी गयी थी। अभय के हृदय का समस्त संचित स्नेह उसी बालक में केन्द्रीभूत था। अभय ने पूछा—''आयुष्मान विजय! तुम भी आज मल्ल-शाला में चलोगे न!''

बालक क्रीड़ा छोड़कर उठ खड़ा हुआ, जैसे वह सचमुच किसी से मल्लयुद्ध करने के लिए प्रस्तुत हो। उसने कहा—''चलूँगा और लड़ूँगा भी।''

अभय ठठाकर हँस पड़ा। बालक कुछ संकुचित हो गया। फिर सहसा अभय को स्मरण हो गया कि उसे और भी कई काम हैं। वह स्नान के लिए उठने लगा कि संस्थागार की सन्निपात भेरी बज उठी। एक बार तो उसने कान खड़े किए; पर फिर अपने में लीन हो गया। मगध-युद्ध के बाद उसने किसी विशेष पद के लिए कभी अपने को उपस्थित नहीं किया। वह जैसे वैशाली के शासन में भाग लेने से उदासीन हो रहा था! स्वास्थ्य का बहाना करके उसने अवसर ग्रहण किया। उसके मगध-युद्ध के सहायक आठों दार्शनिक कुलपुत्र उसके अभिन्न मित्र थे। वे भी अविवाहित थे। अभय कुमार की गोष्ठी विदा सुन्दरियों

की जमात थी। वे भी आ गये। इन सबों के बलिष्ठ शरीरों पर मगध-युद्ध के वीर-चिह्न अंकित थे।

अभिनन्द ने पूछा—"आज संस्थागार में हम लोग चलेंगे कि नहीं?"

अभय ने कहा—"मुझे तो मल्ल-शाला का निमन्त्रण है।"

अभिनन्द ने कहा—"तो सचमुच हम लोग वैशाली के शासन से उदासीन हो गये हैं क्या?"

सब चुप हो गये। सुभद्र ने कहा—"अन्त में व्यवहार की दृष्टि से हम लोग पक्के नियतिवादी ही रहे। जो कुछ होना है, वह होने दिया जा रहा है।"

आनन्द हँस पड़ा। मणिकण्ठ ने कहा—"नहीं, हँसने से काम न चलेगा। आज जब उपवन से आ रहा था तब मैंने देखा कि सालवती के तोरण पर बड़ी भीड़ है। पूछने से मालूम हुआ कि आठ बरस के दीर्घ एकान्तवास के बाद सौन्दर्य के चुनाव में भाग लेने के लिए सालवती बाहर आ रही है। मैं क्षण-भर रुका रहा। वह अपने पुष्परथ पर निकली। नागरिकों की भीड़ थी। कुलवधुओं का रथ रुक रहा था। उनमें कई तेजस्विनी महिलाएँ थीं, जिनकी गोद में बच्चे थे। उन्होंने तीव्र स्वर में कहा—'यही पिशाचिनी हम लोगों के बच्चों से उनके पिताओं को, स्त्रियों से उनके पतियों को छीनने वाली है।' वह एक क्षण खड़ी रही। उसने कहा—'देवियो! आठ बरस के बाद वैशाली के राजपथ पर दिखलाई पड़ी हूँ। इन दिनों मैंने किसी पुरुष का मुँह भी नहीं देखा। मुझे आप लोग क्यों कोस रही हैं!' वे बोलीं—'तूने वेश्यावृत्ति के पाप का आविष्कार किया है। तू कुलपुत्रों के वन की दावाग्नि की प्रथम चिनगारी है। तेरा मुँह देखने से भी पाप है! राष्ट्र के इन अनाथ पुत्रों की ओर देख! पिशाचिनी!' कई ने बच्चों को अपनी गोद से ऊँचा कर दिया। सालवती ने उन बालकों की ओर देखकर रो दिया।"

"रो दिया?"—अभिनन्द ने पूछा।

"हाँ-हाँ, रो दिया और उसने कहा—'देवियो! मुझे क्षमा करें। मैं प्रायश्चित करूँगी।' उसने अपना रथ बढ़वा दिया। मैं इधर चला आया; किन्तु कुलपुत्रों से मैं सत्य कहता हूँ कि सालवती आज भी सुन्दरियों की रानी है।"

अभय कुमार चुपचाप विजय को देख रहा था। उसने कहा—"तो क्या हम लोग चलेंगे?"

"हाँ-हाँ—"

अभय ने दृढ़ स्वर से पूछा—"और आवश्यकता होगी तो सब प्रकार से प्रतिकार करने में पीछे न हटेंगे।"

"हाँ, न हटेंगे!" दृढ़ता से कुलपुत्रों ने कहा।

"तो मैं स्नान करके अभी चला। रथों को प्रस्तुत होने के लिए कह दिया जाय।"

जब अभय स्नान कर रहा था, तब कुलपुत्रों ने कहा—"आज अभय कुछ अद्भुत काम करेगा?"

आनन्द ने कहा—"जो होना होगा, वह तो होगा ही। इतनी घबराहट से क्या?"

अभय शीघ्र स्नानागार से लौट आया। उसने विजय को भी अपने रथ पर बिठाया।

कुलपुत्रों के नौ रथ संस्थागार की ओर चले। अभय के मुख पर गम्भीर चिन्ता थी और दुर्दमनीय दृढ़ता थी।

सिंहद्वार पर साधारण जनता की भीड़ थी और विशाल प्रांगण में कुलपुत्रों की और महिलाओं की। आज सौन्दर्य प्रतियोगिता थी। रूप की हाट सजी थी। आठ भिन्न आसनों पर वैशाली की वेश्याएँ भी बैठी थीं। नौवाँ आसन सूना था। अभी तक नई प्रार्थिनी-सुन्दरियों में उत्साह था; किन्तु सालवती के आते ही जैसे नक्षत्रों का प्रकाश मन्द हो गया। पूर्ण चन्द्रोदय था। सालवती आज अपने सम्पूर्ण सौन्दर्य में यौवनवती थी। सुन्दरियाँ हताश हो रही थीं। कर्मचारी ने प्रतियोगिता के लिए नाम पूछा। किसी ने नहीं बताया।

उसी समय कुलपुत्रों के साथ अभय ने प्रवेश किया। मगध-युद्ध विजेता का जय-जयकार हुआ। सालवती का हृदय काँप उठा। न जाने क्यों वह अभय से डरती थी। फिर भी उसने अपने को सम्भालकर अभय का स्वागत किया। युवक सौन्दर्य के चुनाव के लिए उत्कण्ठित थे। कोई कहता था—"आज होना आरम्भ है।" कोई कहता—"नहीं आज सालवती के सामने इसका निर्णय होगा।" परन्तु कोई सुन्दरी अपना नाम नहीं देना चाहती थी। सालवती ने अपनी विजय से मुस्करा दिया।

उसने खड़ी होकर विनीत स्वर से कहा—"यदि माननीय संघ को अवसर हो, वह मेरी विज्ञप्ति सुनना चाहे, तो मैं निवेदन करूँ।"

संस्थागार में सन्नाटा था।

उसने प्रतिज्ञा उपस्थित की।

''यदि संघ प्रसन्न हो, तो मुझे आज्ञा दे। मेरी यह प्रतिज्ञा स्वीकार करे कि आज से कोई स्त्री वैशाली राष्ट्र में वेश्या न होगी।''

कोलाहल मचा।

''और तुम अपने सिंहासन पर अचल बनी रहो। कुलवधुओं के सौभाग्य का अपहरण किया करो।''—महिलाओं के तिरस्कारपूर्ण शब्द अलिन्द से सुनाई पड़े।

''धैर्य धारण करो देवियो! हाँ, तो—इस पर संघ क्या आज्ञा देता है?''—सालवती ने साहस के साथ तीखे स्वर में कहा।

अभय ने प्रश्न किया—''क्या जो वेश्याएँ हैं, वे वैशाली में बनी रहेंगी? और क्या इस बार भी सौन्दर्य प्रतियोगिता में तुम अपने को विजयिनी नहीं समझती हो?''

''मुझे निर्वासन मिले—कारागार में रहना पड़े। जो भी संघ की आज्ञा हो; किन्तु अकल्याणकर और पराजय के मूल इस भयानक नियम को जो अभी थोड़े दिनों से वज्जि संघ ने प्रचलित किया है, बन्द करना चाहिए।''

एक कुलपुत्र ने गम्भीर स्वर में कहा—''क्या राष्ट्र की आज्ञा से जिन स्त्रियों ने अपना सर्वस्व उसकी इच्छा पर लुटा दिया, उन्हें राष्ट्र निर्वासित करेगा, दण्ड देगा? गणतन्त्र का यह पतन!''

एक ओर से कोलाहल मचा—''ऐसा न होना चाहिए।''

''फिर इन लोगों का भाग्य किस संकेत पर चलेगा?''—राजा ने गम्भीर स्वर में पूछा। ''इनका कौमार्य, शील और सदाचार खण्डित है। इनके लिए राष्ट्र क्या व्यवस्था करता है?''

''संघ यदि प्रसन्न हो और उसे अवसर हो, तो मैं कुछ निवेदन करूँ।''—आनन्द ने मुस्कराते हुए कहा।

राजा का संकेत पाकर उसने फिर कहा—''हम आठ मगध-युद्ध के खण्डित शरीर विकलांग कुलपुत्र हैं। और ये शील खण्डिता आठ नई अनंग की पुजारिनें हैं।''

कुछ लोग हँसने की चेष्टा करते हुए दिखाई पड़े। कर्मचारियों ने तूर्य बजाकर शान्त रहने के लिए कहा।

राजा-उपराजा-सेनापति-मन्त्रधर-सूत्रधर-अमात्य-व्यावहारिक और कुलिकों ने इस जटिल प्रश्न पर गम्भीरता से विचार करना आरम्भ किया। संस्थागार मौन था।

कुछ काल के बाद सूत्रधार ने पूछा—"तो क्या आठों कुलपुत्रों ने निश्चय कर लिया है? इन वेश्याओं को वे लोग पत्नी की तरह ग्रहण करेंगे?"

अभय ने उनकी ओर संभ्रम देखा। वे उठ खड़े हुए। एक साथ स्पष्ट स्वर में उन लोगों ने कहा—"हाँ, यदि संघ वैसी आज्ञा देने की कृपा करे।"

"संघ मौन है; इसलिए मैं समझता हूँ उसे स्वीकार है"—राजा ने कहा।

"सालवती! सालवती!!" की पुकार उठी। वे आठों अभिनन्द आदि के पार्श्व में आकर खड़ी हो गई थीं; किन्तु सालवती अपने स्थान पर पाषाणी प्रतिमा खड़ी थी। यही अवसर था, जब नौ बरस पहले उसने अभय कुमार का प्रत्याख्यान किया था। पृथ्वी ने उसके पैर पकड़ लिए थे, वायुमण्डल जड़ था, वह निर्जीव थी।

सहसा अभय कुमार ने विजय को अपनी गोद में उठाकर कहा—"मुझे पत्नी तो नहीं चाहिए। हाँ, इस बालक की माँ को खोज रहा हूँ, जिसको प्रसव-रात्रि में ही उसकी मानिनी माँ ने लज्जा-पिण्ड की तरह अपने सौन्दर्य की रक्षा के लिए फेंक दिया था। उस चतुर वैद्य ने इसकी दक्षिण भुजा पर एक अमिट चिह्न अंकित कर दिया है। उसे यदि कोई पहचान सके, तो वह इसे अपनी गोद में ले।"

सालवती पागलों की तरह झपटी। उसने चिह्न देखा और देखा उस सुन्दर मुख को। वह अभय के चरणों में गिरकर बोली—"यह मेरा है देव। क्या तुम भी मेरे होगे?" अभय ने उसका हाथ पकड़कर उठा लिया।

जयनाद से संस्थागार मुखरित हो रहा था।

♦ ♦ ♦